KB189758

10대를
위한

비판적
사고력
수업

10대를
위한

비판적
사고력
수업

이현주 · 이현옥 지음

질문과 생각의 깊이를 더하는 비판적 사고의 힘

여러분이 좋아하는 것은 무엇인가요? 친구들과 게임을 하거나 SNS하는 걸 좋아하죠? 혼자 있을 때는 인터넷 검색을 하거나 유튜브 추천 영상도 볼 거예요. 그러는 동안 여러분은 수없이 많은 정보에 노출됩니다. 그런 영상이나 정보를 접할 때 가장 필요한 것이 바로 비판적 사고력입니다. 예를 들어볼까요. 여러분이 정말 좋아하는 아이돌이 배우와 열애설이 났어요. 기사를 보고 흥분해서 친구들에게 이야기할 겁니다. 친구들은 너도나도 아이돌의 인스타그램에 가서 실망의 댓글을 남기겠지요. 그런데 알고 보니 클릭을 유도하기 위해 거짓말로 꾸며낸 기사였어요. 그 아이돌은 너무 속상한 나머지 한동안 활동을 쉬겠다고 합니다. 이때 여러분은 어떨까요. 정확히 알아보지도 않고 섣부르게 판단했잖아요. 그래서 자신이 좋아하는 아이돌에게 스스로 돌을 던졌네요. 생각만 해도 너무 속상하지요. 만일 여러분이 그 사실을 인지하고 출처를 확인했다면 어땠을까요. 다른 사이트의 뉴스와 다중 비교만 했어도 생기지 않을 일이었습니다. 제대로 분석하고 판단했다면 일어나지 않을 일인데요. 바로 이것이 비판적 사고의 과정입니다.

　게임을 하다가 낯선 사람에게 초대받거나 댓글로 대화를 나눈 적이 있을 겁니다. 그때 이 사람이 실존하는 안전한 게임방에 초대하는지 알 수 없습니다. 몇 가지 대화나 테스트를 통해서 진위 여부를 가려내야 하는데요. 무작정 그 사람 말만 믿고 들어갔다가 이상한 방이라 깜짝 놀란 적이 있을 거예요. 그럴 때 여러분이 조금만 더 이성적이고 냉철하게 판단했다면 그런 꾐에 넘어갈 일이 없었겠죠. 하지만 어떻게 판단해야 할지 어려울 때가 많을 거예요. 인터넷 시대에 살고 있는 여러분에게 비판적으로 정보를 판단해야 하는 순간은 정말 많습니다. 많은 정보에 노출될수록 비판적으로 받아들이는 능력이 더더욱 필요합니다. 여러분에게 비판적 사고력을 알려주려는 이유이기도 합니다.

어른들은 비판적으로 사고해야 한다고 말하면서 그 방법은 알려주지 않습니다. 책을 찾아서 공부하려고 해도 적당한 책이 없지요. 찾아도 너무 어려워서 무슨 말인지 알아듣기도 쉽지 않을 텐데요. 도대체 비판적 사고란 어떻게 하는 것인지 답답했을 겁니다. 토론 몇 번 하는 걸로 길러지지도 않는다고 하는데요. 제대로 알려주지도 않고 부족하다고 하니 힘들었을 거예요. 그래서 이 책을 준비했습니다. 비판적 사고력이란 무엇이며 어떤 과정을 통해 길러낼 수 있는지 하나씩 살펴볼게요. 상황에 맞는 예시를 통해서 연습해 봐요. 여러분에게 꼭 필요한 능력입니다. 기꺼이 시간을 내서 키워보자고요. 여러분이 지금과 미래에 더 행복한 판단을 하는 데 분명히 도움이 될 것입니다.

우리는 현재를 살면서 동시에 미래를 준비합니다. 여러분은 성인이 되어 잘 살기 위해 열심히 공부하고 있을 텐데요. 미래의 삶에서 가장 필요한 능력은 무엇일까요? 교육부에서 제시한 미래 핵심역량은 인성, 창의성, 컴퓨팅 사고, 개념적 지식, 융합역량 그리고 비판적 사고력입니다. 또 세계적으로 능력 있는 학자들은 말합니다. 미래의 인재가 되기 위해 길러야 할 네 가지 능력이 있다고요. 소통 능력과 협업 정신, 창의력과 비판적 사고력이 그것입니다. 제시된 능력 모두 꼭 필요하지만 그중에서 가장 중요한 것이 있습니다. 두 역량에서 공통으로 제시하는 능력, 바로 비판적 사고력입니다.

세계경제포럼에서 성인의 업무에 필요한 능력을 조사했는데요. 2015년에는 문제해결력, 조율 및 조정, 인력관리, 비판적 사고가 중요했는데요. 2020년에는 문제해결력, 비판적 사고, 창의성, 인력관리 순으로 바뀌었습니다. 비판적 사고가 중요해지는 시대가 오고 있습니다. 비판적 사고력이란 주어진 정보나 주장, 상황을 비판적으로 분석하고 평가하는 능력입니다. 다른 사람의 생각이나 정보를 그대로 수용하지 않고 논리적으로 분석해서 타당성을 판단하는 것입니다. 이런 사고력은 상황을 더 깊이 이해하고 더 효과적인 의사결정을 하는 데 도움을 줍니다.

지금 여러분의 생활에도 도움을 주면서 미래에도 필요한 능력이라면 지금부터 연습하면 좋겠지요. 비판적 사고력이라 하면 어렵다는 생각이 먼저 들 텐데요. 가볍고 친숙한 주제부터 하나씩 연습해봅시다. 그러면 비판적으로 사고하는 과정이 익숙해지면서 일상생활에서도 활용할 수 있게 될 테니까요. 자, 모두 함께 비판적 사고력을 기르는 과정으로 출발해볼까요.

2024년 10월 11일

이현주, 이현옥

제1부

비판적
사고는
왜 중요한가

1장

비판적 사고의 중요성

비판적 사고란 무엇인가

　비판적 사고란 무엇일까요? 비판적 사고는 주어진 정보나 상황을 받아들일 때 깊이 이해하고 논리적으로 판단하며 다양한 관점에서 생각하는 것입니다. 객관적으로 상황을 보고 그에 대해 분석하며 질문하는 과정을 모두 포함합니다. 즉 단순히 정보를 받아들이는 것이 아닙니다. 정보의 출처, 신뢰성, 논리적 모순을 검토합니다. 이는 편견이나 편협한 사고를 넘어서 문제를 분석하고 해결하는 데 도움이 됩니다. 어떤 주장이나 가정의 이유를 찾고 새로운 아이디어나 관점을 찾기가 쉬워집니다. 세상에 대하여 넓고 깊은 이해를 하는 데 도움이 되는 것이 비판적 사고력입니다.

　예를 들어 생각해볼까요. 우리가 인터넷에서 어떤 정보를 검색했다고 합시다. 그 정보를 무조건 받아들여서는 안 됩니다. 잘못된 정보이거나 가짜 뉴스일 가능성도 있습니다. 그러면 정보를 정확히 판단해서 받아들일 부분과 버릴 정보를 선택해야 합니다. 이때 정보의 출처와 신뢰성을 확인해야 합니다. 여러 자료를 통해 그 정보가 일치하는지 비교해야 합니다. 이런 판단을 내리는 것이 비판적 사고의 과정입니다. 또한 자신의 생각이나 주장을 논리적으로 설명하고 다른 시각의 의견도 수용할 수 있어야 하는데요. 이 과정에서도 비판적 사고능력이 필요합니다.

비판적 사고는 문제 해결에 도움이 됩니다. 문제에 대해 다양한 해결책을 검토하고 그중에서 가장 효과적인 해결책을 찾는 과정이기도 합니다. 상황을 비교하고 분석하며 가장 논리적이고 유용한 해결 방법을 찾는 데 꼭 필요한 것이 비판적 사고입니다. 우리는 살면서 수없이 많은 정보를 분류하고 판단합니다. 이때 절대적으로 필요한 것이 비판적 사고입니다. 이해되시죠?

비판적 사고의 중요성

비판적 사고는 왜 필요할까요?

첫째, 문제 해결에 도움이 됩니다. 문제를 보고 분석하는 데 객관적인 판단력은 반드시 필요합니다. 정보를 분석하고 가설을 검증하고 다양한 대응책 중에서 최선을 선택하는 데 비판적 사고력이 요구됩니다.

둘째, 정보의 신뢰성과 진실성을 확인하는 데 꼭 필요합니다. 여러분이 느끼는 것처럼 요즘 너무 많은 정보가 우리에게 주어집니다. 그중 거짓 정보나 잘못된 정보를 판단해야 합니다. 주어진 정보를 그대로 믿었다가는 낭패를 보기 쉽습니다. 그래서 검증 과정이 있어야 하는데요. 그 과정에서 사실과 허위를 구분하는 데 비판적 사고력이 도움이 됩니다.

셋째, 창의성과 혁신에 도움이 됩니다. 새로운 아이디어를 평가하고 발전시킬 때 비판적 사고력이 필요합니다. 혁신과 성장을 위해서는 비판적 사고 과정을 거쳐야 아이디어가 더 단단해지고 구체적인 실현 가능성이 커집니다. 혁신을 위한 새로운 아이디어의 발현과 검증에 꼭 필요한 것이 비판적 사고입니다.

넷째, 자기계발에 도움이 됩니다. 비판적 사고 과정은 지식을 확장하는 데 도움이 됩니다. 지식 확장을 통해 개인은 성장할 수 있습니다. 새로운 정보를 수용하고, 평가와 이해의 과정에서 지식과 통찰력을 얻을 수 있습니다.

마지막으로, 다양한 시각을 이해하고 수용하면서 사회적 관계를 형성하고 소통하는 데 도움이 됩니다. 상대방의 의견을 존중하고 더 나은 관계를 만들기 위해 필요한 것이 열린 사고입니다. 이때 비판적 사고를 하면 더 나은 의사소통을 할 수 있습니다. 수용적인 대화를 통해 더 안정적이고 상호협조적인 인간관계를 만들어나가게 됩니다.

비판적 사고를 하면 우리가 어떻게 달라질 수 있을까요.

비판적 사고는 판단력을 높여줍니다. 정보를 분석하고 다양한 각도에서 문제를 살펴보면서 더 나은 선택을 할 수 있도록 해줍니다. 이는 스스로 결정하고 판단하는 능력을 향상시킵니다. 누구에게 의지하지 않고 판단할 수 있는 기본기가 생기는 겁니다. 이는 문제 해결에 필요한 능력도 키워줍니다. 학업이나 대인관계, 일상생활에서 문제를 해결하는 능력을 갖춤으로써 개인의 성장과 미래를 준비하는 데 도움이 됩니다. 자기 발전에 필요한 올바른 선택을 하게 되면 미래에 문제를 만나도 당황하지 않습니다. 어떠한 문제가 발생하더라도 논리적이고 객관적으로 사고하게 됩니다.

또 자기주도적인 자세를 길러줘 믿을 만한 리더십을 갖게 됩니다. 리더십은 복잡한 문제를 해결하고 팀을 이끄는 능력입니다. 비판적 사고를 통해 이 두 가지 능력을 향상시킬 수 있습니다. 비판적 사고를 하는 과정에서 팀에 생기는 각종 의견 충돌을 중재하고 갈등을 조정할 수 있습니다. 다양한 사고와 시점을 이해하며 대안적인 해결책을 모색하도록 도와줍니다. 이는 개인과 사회 전체에 도움을 줄 수 있는 중요한 능력입니다.

왜 하필 10대인가?

왜 10대에 비판적 사고력을 연습해야 할까요?

10대는 자기 독립성이 중요해지는 시기입니다. 성인이 되기 전 자기주관적 판단을 연습해야 합니다. 그러면 다양한 정보나 의견을 평가하고 분석하며 혼자 결정할 힘을 키울 수 있습니다. 10대에 자아 발견을 하고 자기 신념이 형성됩니다. 자기 스스로 결정해보면서 자신이 잘할 수 있다는 자신감을 갖게 됩니다. 자신의 가치관을 조정해나가는 데도 도움을 받습니다. 비판적 사고는 의사소통에서 상황을 고려하고 조정해나가며 건강한 대화를 할 수 있도록 합니다. 이는 10대들이 다양한 관점과 시각을 이해하는 데 도움이 됩니다. 편협하고 어느 한쪽에 치우친 사고방식을 갖지 않고 타인의 관점을 수용할 수 있는 아주 좋은 기회가 됩니다.

10대는 수많은 정보에 노출되어 있습니다. 이때 비판적 사고력이 형성되어 있지 않다면 정보를 거를 힘을 갖지 못합니다. 정보가 넘쳐나는 세상에서 거짓 정보에 의해 잘못된 자기 관점을 갖게 됩니다. 더 빠르게 변할 미래사회에서 불확실한 요소를 판단할 일은 늘어만 갈 텐데요. 10대에 비판적 사고력 연습을 통해 논리적 사고 과정을 경험하는 것이 무척 중요합니다. 특히 학업적 성취를 중요하게 생각하는 10대에게 비판적 사고력은 도움이 됩니다. 다양한 학문 분야에서 가장 중요하고 필요한 능력이 비판적 사고력입니다. 10대에는 서툴거나 실수해도 바로잡을 기회가 있습니다. 하지만 성인이 될수록 하나의 판단이 미치는 파장이 커집니다. 성인이 되기 전, 확실하게 비판적 사고의 과정을 알고 연습해야 할 이유입니다.

제2부

비판적
사고력 연습

2장

아는 만큼 보인다

덕질을 시작해볼까

　여러분은 아이돌을 좋아하나요? 어떤 아이돌을 왜 좋아하나요? 노래를 들어봤더니 멜로디나 가사나 너무 아름다워서 좋아할 수 있습니다. 혹은 아이돌의 외모가 너무 멋져서 좋아하는 경우도 있을 거예요. 아이돌을 좋아하면서 점점 더 그 사람의 매력에 빠져들게 되었겠죠. 그러면서 덕질의 세상으로 입문했을 텐데요. 맞습니다. 우리의 모든 사랑과 관심은 '바라보기'에서 시작됩니다. 여러분이 그 아이돌의 노래를 듣지 않았다면 아이돌을 좋아할 수 없습니다. 음악방송에서 그 아이돌의 노래하는 모습이나 유튜브에서 뮤직비디오를 보지 않았다면? 아마 그런 아이돌이 있는 줄도 몰랐을 거예요. 바로 그겁니다. 모든 생각과 관심은 바라보기에서 시작해요.

비판적 사고력의 시작은 관찰입니다. 내가 판단하고자 하는 정보를 잘 들여다보기만 해도 비판적 사고력이 생깁니다. 내가 왜 아이돌을 좋아하는지 그 이유를 말해볼까요. 외모가 조각같이 생겼다거나 노래하는 음성이 멋지다 등의 이유를 댈 수 있을 겁니다. 그건 아이돌에게 관심을 갖고 바라보았기에 가능했던 거지요. 친구와 함께 서로 좋아하는 아이돌을 자랑해본다고 생각해봐요. 불꽃이 튀길 겁니다. 내 아이돌의 좋은 점을 골라내고 그와 비교되는 상대방 아이돌의 부족한 점을 찾아낼 거예요. 누가 시키지 않아도 알아서 척척 비판적 사고력이 생기는 것이지요. 이처럼 비판적 사고력은 관찰할 사물을 정하고 그 관찰의 목적을 정하며 시작됩니다. 비판적으로 생각할 필요성을 인식하는 순간 사고의 과정이 자연스럽게 열립니다. 어떤 정보를 선택해 생각해볼지 정하는 것만으로도 충분하지요.

좋아하는 아이돌에 대해 새로 알게 된 정보를 정리해보세요. 그중에서 유독 관심이 가서 더 찾아보고 싶은 정보가 있을 겁니다. 그 정보를 고른 이유를 살펴봅니다. 관심 있는 카테고리가 없어도 괜찮습니다. 내가 오늘 알게 된 정보 중에서 아무거나 골라보세요. '친구가 그러는데~' 혹은 유튜브를 보다 보니 '카더라'라는 정보도 괜찮습니다. 그중에서 하나를 선택합니다.

많은 정보 중에서 한 가지가 마음에 들었다면 이유가 있을 겁니다. 내가 생각했던 것과 정반대의 내용이거나 관심 있는 분야의 정보일 가능성이 있습니다. 어떤 정보를 선택하느냐부터 나에 대한 탐색입니다. 내가 관심이 가는 분야가 무엇인지 알아내는 겁니다. 아이돌의 열애 기사에 관심이 생긴다는 건 무슨 뜻일까요. 혹시 내 마음에도 아이돌이 되고 싶다거나 사랑을 하고 싶은 욕구가 숨겨져 있을 겁니다. 유튜브에서 새로운 노래를 찾아 들었는데 그게 가장 기억에 남는 상황이라면 어떨까요. 그 가사의 내용을 다시 한번 들어보세요. 어떤 내용이 관심을 일으켰는지 살펴볼 수 있습니다. 이렇게 자신이 끌리는 분야의 정보를 찾아서 대상을 선택하는 것은 매우 중요합니다. 관찰 연습을 시작하기에 딱이니까요.

대상을 정했으면 이제 관찰의 목적을 정해봅니다. 관찰의 목적에는 어떤 것들이 있을까요. 사건이나 현상에 대한 정보를 수집하는 목적이 있습니다. 그 분야의 분석과 연구를 위해 관찰을 하는 경우입니다. 단순히 좋아하는 아이돌의 정보 수집에 관심을 갖는 것이죠. 현상이나 사건을 이해할 수도 있습니다. 특정 현상의 패턴이나 특징을 찾아봅니다. 그 아이돌의 노래가 계속 인기 있는 이유를 살펴보는 것이 그 예가 되겠지요. 그걸 알아야 다음번에 나올 노래도 듣자마자 인기가 있을지 없을지 판단할 수 있으니까요. 그 감을 통해서 친구들 사이에서 아이돌 박사가 되고 싶은 것이 목표라면 현상 이해를 잘해야 합니다. 그 변화를 관찰하고 이해하는 데 도움이 되니까요.

비슷한 데이터나 사건에서 유사성을 찾아내 더 큰 패턴을 볼 수도 있습니다. 내가 좋아하는 아이돌의 유형을 살펴보면 앞으로 나올 아이돌이나 이성 친구에게서 내가 좋아하는 유형을 찾아낼 수 있습니다. 나의 이성 관심사나 좋아하는 유형의 사람 패턴을 찾아내는 데 도움이 될 겁니다. 또한 새로운 가설을 생성하기도 합니다. 자신이 관찰한 정보들의 공통점을 분석해서 가설을 세웁니다. 이를 증명해나가는 것은 매우 의미 있는 일입니다. 내가 좋아하는 아이돌의 유형이 무엇인지 관찰해서 다른 비슷한 유형의 사람도 좋아하게 될지 판단하는 데 도움이 되겠지요. 이렇듯 여러 가지 관찰의 목적이 있습니다. 관찰을 통해서 내가 선택한 정보가 어떤 목표를 이룰 수 있을지 생각해보세요. 내가 관찰해보기로 결정한 정보나 사건이 어떤 목적에 해당하는지 분류할 수 있을 겁니다.

• 비판적 사고력 연습 •

원영이는 오늘 무척 기분이 좋습니다. 어제 정국이에게 고백을 했거든요. 그런데 정국이가 바로 거절을 안 하고 생각해보겠다고 답을 줬습니다. 거절하지 않았다는 건 그만큼 가능성이 있다는 뜻이니까요. 일주일 정도 시간을 번 셈입니다. 이 시간 동안 정국이가 어떤 것을 좋아하는지 자세히 살펴볼 생각입니다. 상대방이 싫어하는 일을 안 하는 게 중요하다고 하니까요. 정국이가 좋아하고 싫어하는 것을 살필 겁니다. 그러면 정국이 마음에 드는 일을 더 할 수 있게 될 테니까요. 그 결과로 정국이가 긍정의 답을 준다면 둘이 사귀게 되겠죠. 진짜 너무 행복할 것 같습니다. 정국이는 원영이의 첫사랑이니까요.

두근두근 설레는 마음으로 원영이는 정국이를 살펴보기 시작했어요. 정국이는 수업 시간에 꼿꼿이 앉아서 선생님의 질문에 또박또박 대답합니다. 저런 정국이의 모습이 원영이는 마음에 들었습니다. 너무 근사합니다. 그런데 수업 중에 민준이가 갑자기 엉뚱한 질문을 했습니다. 그러자 정국이가 얼굴을 살짝 찡그립니다. 정국이는 수업의 흐름을 끊는 것을 싫어하는 것 같습니다. 그런 정국이의 모습을 본 원영이는 평소보다 더 바르게 앉아서 수업을 들었어요. 그래야 정국이가 좋아할 것 같았거든요. 선생님이 질문하시는 것에 조금 더 생각도 많이 했습니다. 그래서 운 좋게 한 문제에는 대답도 했답니다. 정국이의 얼굴을 보지 않았지만 그런 원영이의 모습을 보고 좋아할 것 같았어요.

정국이는 쉬는 시간에 사물함에서 다음 시간 책을 꺼내 두고 화장실에 갔습니다. 화장실에 다녀오면서 씻었는지 손이 물기에 젖어 있었지요. 그런 정국이의 모습을 원영이는 그대로 따라 했습니다. 사실 쉬는 시간에 친구들이랑 노느라 책을 준비하지 못할 때도 많았는데요. 그러면 정국이가 싫어할 것 같았지요. 화장실에서 손을 안 닦고 오는 날도 있었는데 열심히 손도 닦았어요. 이렇게 하나하나 정국이를 따라 하다 보니 원영이도 금방 모범생이 될 것 같았답니다.

정국이는 점심시간에 친구들이랑 운동장에서 축구를 했습니다. 멀리서 그 모습을 지켜봤어요. 정국이는 갑자기 끼어들거나 무리하게 미는 친구에게 불만을 이야기했습니다. 역시 생각했던 대로 규칙을 잘 지키는 모범생입니다. 그런데 함께 축구하던 친구가 넘어지자 얼른 뛰어가서 부축하고 살폈습니다. 중간중간 그 친구에게 말을 건네는데 괜찮냐고 물어보는 것 같더라고요. 왜 정국이가 원영이뿐 아니라 반 친구들에게 인기가 많은지 알 것 같습니다.

그렇게 정국이의 하루 생활을 살펴보며 원영이는 정국이가 좋아하는 것과 싫어하는 것을 정리했습니다. 아마 정국이도 원영이의 고백을 받았으니 원영이를 살펴보았겠죠. 자신과 비슷한 원영이를 분명 좋아하게 될지도 모르겠습니다.

💬 질문에 대답해보세요.

1. 원영이는 지금 무엇을 하고 있나요?

☞ _____

2. 원영이가 하고 있는 행동의 목적은 무엇인가요?

☞ _____

3. 원영이의 목적이 데이터 수집이라면 어떤 데이터를 모았나요?

☞ _____

4. 원영이의 행동이 패턴 인식을 위한 것이었다면 어떤 패턴을 발견하게 되었을까요?

☞

5. 원영이가 현상을 이해하기 위해 관찰을 사용했다면 어떤
   현상을 이해하게 되었나요?

☞

6. 원영이의 관찰을 통해 가설을 세워보세요.

☞

덕질 입문 계획

관찰한 대상을 선정하고 목적을 정했으면 관찰 계획을 세우면 됩니다. 그 대상에게 맞는 관찰 방법이 무엇인지 생각하는 겁니다. 어떤 도구나 장비를 가지고 관찰할지 계획을 세웁니다. 관찰 계획을 어떻게 세우면 좋을지 살펴볼까요.

관찰 목적과 관찰 대상에 따라서 방법을 정하는 게 우선입니다. 관찰 방법에는 직접 관찰과 간접 관찰, 구조화된 관찰과 자유 관찰 등이 있습니다. 내가 그 현상이나 사건을 직접 찾아보거나 다른 매체를 통해서 관찰할지 여부를 정하는 겁니다. 아이돌의 열애설에 관심이 있어 연애의 방법에 대한 데이터를 수집한다고 합시다. 그러면 직접 친구들이 연애하는 것을 관찰합니다. 연애의 방법을 친구와의 대화를 통해 정보를 모을 수 있습니다. 자유롭게 타인의 연애를 살펴보거나 드라마 속 연애 패턴을 관찰해볼 수도 있을 거예요. 그렇게 어떤 방법으로 그 정보를 관찰할지를 정하면 됩니다. 가장 쉽고 편하게 관찰할 수 있는 방법부터 시작하세요. 어려우면 하기 싫어집니다. 데이터를 분석하면서 통계를 활용하면 좋습니다. 여러 연애의 패턴을 관찰한 결과를 정리해보는 겁니다.

연애라면 그 분야가 정말 광대하잖아요. 어떤 분야를 선택할지 관찰의 범위를 정하는 게 중요합니다. 관심 있는 아이돌의 연애 패턴을 분석해본다고 쳐요. 다양하고 많은 유형의 연애 중에서도 10대의 연애 패턴이나 이성에게 호감 가는 행동, 첫눈에 반하는 방법이나 오래가는 커플의 특징으로 범위를 좁히는 겁니다. 어떤 목적으로 어떤 범위까지 관찰할지를 정합니다. 너무 범위가 넓은 목표를 세우면 힘듭니다. 범위는 최소로 축소해서 잡으세요. 나에게 그 목표가 유용하다면 더 재미있게 관찰 계획을 세울 수 있을 겁니다. 아이돌의 연애 패턴과 매력을 조사한 인터뷰를 정리해서 나의 연애에 거울로 삼는다니, 생각만 해도 정말 신나는 일이지요.

관찰 계획을 세웠으면 구체적으로 데이터를 수집하고 기

록해야 합니다. 데이터를 모으려면 데이터의 유형을 결정해야 합니다. 어떤 종류의 데이터를 모을지 정하세요. 그것을 위해 어떤 질문에 답을 찾을지를 명확히 합니다. 아직 연애를 하지 못하는 친구라면 '이성에게 호감 가는 행동'이란 데이터를 모으는 게 흥미 있잖아요. 이 데이터를 어떻게 모을 수 있을까요. 주위 친구들 혹은 엄마 아빠에게 물어보세요. 서로의 어떤 점이 매력적이었는지 대답을 들어봅니다. 인터넷 통계를 찾아보는 방법도 있습니다. 주변에서 어떻게 연애를 하고 있는지 관찰합니다. 유튜브에서 정리해주는 연애스킬이나 아이돌의 인터뷰를 찾아보는 방법도 좋습니다. 이렇게 모을 수 있는 정보들을 모아보세요. 관찰의 재미를 느끼게 될 겁니다.

우리가 세상에서 일어나는 모든 일을 다 경험할 수는 없습니다. 연애 하나만 놓고 봐도 그렇습니다. 모든 세상의 연애를 경험하지는 못하지만 다양한 커플의 연애 스토리를 듣고 관찰하는 것은 무척 재미있는 일입니다. 남의 사랑 이야기만큼 재미있는 게 없다고 하지요. 그 이야기들을 들으면서 재미도 느끼고 나의 미래 사랑 모습도 상상해봅니다. 나도 저런 멋진 사랑을 하고 싶다는 생각을 하게 될 텐데요.

이것이 바로 관찰하기의 묘미랍니다.

나의 주변에서 일어나는 혹은 내가 관심 있는 현상들을 관찰해나가면서 대리 경험을 합니다. 인생에 대해서 폭넓게 생각하게 됩니다. 아무 목적 없이 관찰하는 것보다 목표를 갖고 관찰하면 좋습니다. 더 깊은 관심을 가질 수 있으니까요. 여러분이 이 관찰의 과정을 잘 따라 해보는 것만으로도 전과는 다르게 세상을 보는 눈이 생기게 됩니다.

• 비판적 사고력 연습 •

태일이는 요즘 고민이 많습니다. 사실 나은이를 좋아하게 되었는데요. 어떻게 고백해야 할지 모르겠거든요. 태일이에게 나은이는 첫사랑입니다. 처음으로 여자 친구를 좋아하게 되었으니 말입니다. 어디서부터 어떻게 사랑을 시작해야 할지 어려웠습니다. 방법을 알아볼 수 없을까 싶어서 절친인 지성이에게 물어보기로 했습니다. 지성이는 여자 친구가 있거든요. 지성이가 어떻게 여자 친구를 사귀게 되었는지 물었습니다. 이야기를 들으면 뭔가 방법이 생각날 것 같았거든요.

지성이는 여자 친구를 3년 전부터 좋아했다고 합니다. 속으로만 생각하고 전혀 표현을 안 했대요. 원래 친했던 친구라서 혹시 고백하면 어색해

질까 봐서요. 그런데 언젠가 한번은 용기를 내서 고백해야겠다고 생각했답니다. 그래서 어느 날 학원이 끝나고 잠시 만나자고 했대요. 늘 자주 어울려 다녔기에 여자 친구도 아무 거리낌 없이 나왔다고 합니다. 다른 친구들과 함께 만나는 줄 알고 나왔는데 그게 아니라 의아해했답니다. 둘이 먼저 잘 가는 편의점에 갔대요. 거기서 간단하게 음료를 먹었답니다. 평소처럼 하려고 했지만 긴장해서 말이 잘 나오지 않았대요. 편의점에서 나와서 함께 문구점에 갔대요. 고백을 해야 하는데 용기가 없어서 자꾸 뒤로 미루게 되더랍니다. 그러다 보니 여자 친구가 집에 가야한다고 말했대요. 데려다주면서 고백했다고 합니다. 사실 너를 친구 이상으로 생각하고 사귀고 싶다고요. 여자 친구는 얼굴이 빨개져서 아무말도 안 했대요. 한참을 아무 말 없이 걷다가 여자 친구가 말했답니다. 그럼 딱 10일만 사귀어보자고요. 그때 친구였던 때와 다른 느낌이 생기면 사귀는 걸로 하자고요. 절교할 줄 알았는데 기회가 생겨 지성이는 너무 좋았대요.

10일 동안 정말 열심히 남자 친구가 할 수 있는 이벤트를 했답니다. 여자 친구가 좋아하는 작은 것들을 사서 선물하기도 했고요. 여자 친구가 기분 좋게 웃을 재미있는 이야기들도 연습해 갔대요. 간식을 사 가서 몰래 전해주기도 했고요. 짧은 손편지를 써서 주었답니다. 지성이가 10일 동안 전한 마음에 감동했을까요. 여자 친구가 사귀자고 허락해서 사귄지 두 달 정도 되었다고 해요. 오래 기다리고 마음 졸인 만큼 지성이는 행복해 보였습니다.

지성이의 이야기를 들으며 태일이도 용기를 내봐야겠다고 생각했습니다. 마음속으로만 생각하는 것은 이루어지지 않으니까요. 자신도 용기를 내서 행동해봐야겠다고 말이지요.

💬 질문에 대답해보세요.

1. 무엇에 대한 글인가요?

☞

2. 이 글에서 관찰의 대상은 누구인가요?

☞

3. 어떤 관찰의 방법을 사용했나요?

☞

4. 관찰의 목적은 무엇인가요?

☞

5. 관찰하고 난 데이터를 어떻게 정리할 수 있을까요.

☞

6. 관찰하면서 유의해야 할 점은 무엇일까요.

☞

분석 결과 너의 선택은?

    이제 수집된 정보를 분석해서 결과를 정리해볼까요. 여러 루트를 통해 정보를 모았으면 비슷한 유형의 내용을 카테고리화해요. 정보가 몇 가지의 유형으로 나뉠 거예요. 어디서 어떤 정보를 얻었고 그 정보에서 얻은 내용은 무엇인지 정리하면 됩니다. 이것은 보고서로 써도 되지만 마음속에서 분류해보세요. 몇 커플의 이야기만 들어도 어떤 행동이 이성의 호감을 부르는지 몇 가지는 정리가 돼요. 정보를 모아서 분석하는 것은 관찰하기에서 매우 중요한 부분입니다. 나에게 입력되는 모든 정보를 수용하는 것이 아니라 선별해서 유목화하는 거잖아요. 쓸데없는 정보와 유용한 정보를 나눌 수 있는 능력이 생깁니다. 이렇게 하면 분석적인 패턴을 장착하게 됩니다.

　데이터를 정리했으면 이제 패턴을 분석해보세요. 내가 분석한 것들에서 공통점이 제대로 선정되었는지 말이지요. 이렇게 분석할 때 나의 의견이 잘 반영될 수 있습니다. 내가 만약 이성에게 어필하는 장점이 있다면 그 부분을 극대화하고 싶은 마음이 생길 거예요. 이건 계획하지 않아도 자연스럽게 됩니다. 자신에게 유리한 방향으로 생각하도록 우리 뇌가 구조화되어 있으니까요. 내가 자신 없는 부분은 관찰 결과에서 제외될 수도 있는데요. 그래도 괜찮을까요. 아니죠. 그러면 객관적인 데이터를 얻기가 어려워집니다.

　나의 해석을 철저히 배제하도록 노력해보세요. 정말 내가 얻은 정보의 팩트를 정확하게 기록하는 거예요. 그 사람의 말이나 본 것을 그대로 기록해서 결과를 도출하는 연습이 필요해요. 우리는 모든 사건과 상황에서 정보를 받아들일 때 나에게 유리하게 해석하는 경향이 있거든요. 내가 불리한 부분이 도드라지면 그 부분을 못 본 척 넘어갈 수도 있는데요. 이런 태도로는 비판적 사고력을 기르기가 어렵습니다.

　자료를 정리할 때는 객관적이고 논리적으로 팩트만 정리

할 수 있도록 노력해보세요. 감정을 배제하고 사실만 정리하는 것이 결과 도출에도 도움이 되니까요. 내가 좋아하는 아이돌의 매력에 대해서 정리할 때 내가 생각하는 것들을 모두 적는 겁니다. 그중에서 대중이 객관적으로 그 아이돌에 대해 판단하는 공통의 언어가 있을 거예요. 그걸 위주로 자료를 정리하는 겁니다. 매우 사적인 의견으로는 객관적인 관찰 결과를 얻어낼 수 없다는 사실을 잊지 마세요.

사실만 적었으면 거기에서 패턴을 분석해봐야겠죠. 비교도 해보고 서로 연관된 것끼리 묶어봐요. 여성스러움과 남성스러움이 첫인상에서 호감을 주었다는 사실과 외모를 보고 한눈에 반했다는 정보는 함께 묶어서 정리할 수 있겠죠. 본인이 원하는 외모를 가진 부분이 중요하다고 체크해요. 이런 식으로 하면 됩니다.

이렇게 유목화한 것을 목적에 맞게 문장으로 정리해보세요. '그 아이돌에게 이성이 호감을 갖는 부분이 어떤 건지 데이터를 모아서 관찰한 결과 외모와 매너가 대부분을 차지했다.' 이렇게 정리할 수 있을 거예요. 여러 아이돌의 연애 패턴을 정리해서 '아이돌의 연애를 살펴본 결과 스케줄이 너무 바쁘면 헤어지는 커플이 많다. 함께하는 시간이 연애에 중요한 영향을 미친다.' 이런 정리도 좋습니다.

데이터를 관찰 목적과 연결해서 의미 있는 결론으로 해석해냈잖아요. 이것이 바로 관찰의 전 과정입니다. 이 한 문장을 얻기 위해서 우리가 이 과정들을 거쳐온 거예요. 여러분이 관찰한 내용도 한 문장으로 정리해서 결론을 도출해보세요. 아마 열심히 관찰한 보람을 느끼게 될 것입니다.

• 비판적 사고력 연습 •

유진이는 친구들에게 정말 인기가 많습니다. 유진이 곁에는 늘 친구들이 정말 많지요. 윤아는 그게 늘 부러웠습니다. 자기는 왜 유진이처럼 인기가 없을까 고민이 됐습니다. 특히 유진이를 좋아하는 이성 친구가 많았거든요. 이성 친구들이 고백하고 선물을 주는 모습을 보면 윤아는 살짝 질투가 났습니다. 유진이는 도대체 무엇이 다르기에 저렇게 인기가 많을까 궁금했거든요. 그래서 윤아는 유진이를 지켜보기로 했습니다. 유진이의 인기 비결을 꼭 알아내서 자기도 따라 해보겠다고 다짐했지요.
유진이가 웃으며 교실로 들어섭니다. 친구들을 보며 미소를 짓습니다. 밝게 인사하는 모습에 친구들이 답인사를 해주네요. 유진이가 들어서기만 했는데도 교실이 밝아진 것 같은 기분이 들 정도입니다. 유진이가 가방을 챙겨두고 자리에 앉으니 친구들이 다가갑니다. 무슨 얘기를 하는진 모르겠지만 웃음이 끊기질 않네요. 유진이는 무슨 흉내를 내는지 몸을 움직이며 신나게 이야기합니다. 그 모습을 보며 아이들이 깔깔댑니다. 재미있는 이야기를 하나 봅니다. 유진이 곁에 있는 친구들이 배꼽을 잡고 웃네요. 그 모습에 하나둘 아이들이 모여듭니다. 그때 한 친구가 가방에 발이 걸려 넘어졌습니다. 그랬더니 유진이가 일어나 얼른 그 친구에게 다가갑니다. 일으켜 세워주네요. 더러워진 바지도 털어주고요. 친구가 고맙다고 인사를 합니다. 그 친구를 자기 옆으로 데리고 와서 다시 이야기를 시작합니다. 그 모습이 너무 자연스러워요. 한두 번 해본 솜씨가 아닌 것 같습니다. 매너 좋은 유진이에게 친구들이 한 번 더 반한 것 같습니다.

조회를 위해 선생님이 들어오십니다. 선생님께서 반장 투표 이야기를 하십니다. 추천하고 싶은 친구를 말하라고 하니 아이들이 이구동성으로 유진이를 추천합니다. 추천을 받은 유진이는 자리에서 일어나 고개를 숙입니다. 추천해준 친구들에게 고맙다고 말합니다. 그런데 자기는 반장에 어울리지 않답니다. 반장이 누가 되었든 뽑히면 열심히 도와줄 수는 있대요. 앞에 나서서 일하는 것은 어려울 거 같다고 했습니다. 그러면서 지훈이를 추천합니다. 지훈이는 유진이의 추천을 받고 기분이 무척 좋아 보입니다. 인기 많은 유진이에게 추천을 받아서일까요. 아니면 누군가 자신을 인정해줘서일까요. 깔끔한 외모와 에티튜드를 가진 유진이가 한 번 더 빛나는 순간입니다. 수업 시간에도 매너 있게 친구들에게 양보하고요. 점심시간엔 친구들과 운동을 하면서 놉니다. 집에 갈 때도 으레 밝게 인사를 하네요.

윤아는 유진이의 하루를 살펴보면서 알았습니다. 유진이가 인기가 많을 수밖에 없는 이유를 말이지요. 윤아도 유진이의 그 태도를 배워야겠다고 생각했습니다.

▣ 질문에 대답해보세요.

1. 무엇에 대한 글인가요?

☞ _____

2. 관찰의 목표는 무엇인가요?

☞ _____

3. 관찰의 대상은 누구인가요?

☞ _____

4. 관찰하면서 어떤 결론을 얻었나요?

☞ _____

＜실전 문제＞

주변에서 내가 관찰할 주제를 선정하여 관찰하기 연습을 해보세요.

사회 시간에 지구가 환경 파괴로 힘들어진다는 내용을 배웠어요. 어떻게 하면 내가 지구를 지키기 위해 노력할 수 있을까 궁금합니다. 수행평가에서 내가 할 수 있는 지구보호를 위한 방법들을 이야기해보라고 했거든요. 교과서에 나와 있는 친구들의 이야기를 통해 과연 내가 할 수 있는 방법에는 무엇이 있을까 생각해보았답니다.

리사는 재활용을 많이 해보기로 했어요. 플라스틱이나 종이, 금속 등을 분리수거할 때 깨끗하게 정리해서 버리기로 했습니다. 분리수거를 하지만 실제로 활용되는 비율이 매우 낮음을 알았거든요. 그래서 열심히 재활용품을 정리했어요. 재사용 가능한 용기를 사용해서 일회용품 사용도 줄여보려고 노력했고요. 쓰레기를 줄이기 위해 친구들과 함께 청소 운동도 했답니다.

희철이는 에너지 절약을 실천해요. 방을 나갈 때는 반드시 전등을 끄고요. 쓸데없이 물을 낭비하지 않아요. 목욕한 물로 손빨래를 하며 아껴 씁니다. 온실가스 배출을 줄이기 위해서 자전거를 자주 이용하고요. 대중교통을 이용해서 이동한답니다.

요섭이는 물 보존에 관심이 많아요. 물을 절약하기 위해서 그릇에 받아서 머리를 감고요. 샤워 시간도 짧게 줄였어요. 물을 마실 때 일회용 종이컵을 사용하지 않고 물병을 사용하지요. 물이 오염되지 않도록 화학물질을 사용하지 않고요. 자연 친화적인 세제를 선택합니다. 깨끗한 바다를 위해 해변 청소 활동에도 참여한답니다.

유아는 자연을 위해 채식 위주의 식사를 하려고 노력합니다. 육류 위주의 식사를 줄이고요. 환경오염이 되지 않도록 되도록 음식을 남기지 않지요. 화학성분이 적게 들어간 화장품과 세제를 사용합니다. 식물을 키우는 작은 정원도 만들었답니다. 생태계에 도움이 되는 곤충도 키우고 있지요.

네 친구의 이야기를 읽고 친구들은 생각에 빠졌어요. 내가 과연 환경보호를 위해 하고 있는 일이 있을까 싶었습니다. 그래서 친구들이 실천했던 방법들 중 어떤 것을 실천하고 있는지 알아보기 위해 자신의 하루를 관찰해보기로 했답니다.

여러분도 나의 하루 생활을 관찰해보며 환경을 위해 내가 하고 있는 일이 무엇인지 정리해보세요.

관찰대상	
관찰목적	
관찰방법	
관찰내용 정리	
관찰결과	

3장

열린 자세로 경청하자

친해질 때 꼭 필요한 것

경청이란 다른 사람이 말하거나 전달하는 내용을 존중하고 이해하기 위하여 주의 깊게 듣는 것을 말합니다. 이는 정보를 수용할 때의 기본 자세이지요. 어느 매체에서 정보를 얻느냐에 따라 경청의 방법은 달라질 텐데요. 경청 안에는 집중과 존중의 의미가 모두 포함되어 있습니다. 집중해서 정보를 받아들일 때 내용을 더 잘 이해할 수 있지요. 또한 그 정보의 내용을 존중하며 들을 때 자신의 선입견이나 편견에 좌우되지 않고 정보를 받아들일 수 있습니다. 친구와 이야기할 때를 생각해보세요. 인기 있는 친구는 어떤가요. 상대방의 이야기를 잘 들어주는 친구들일 거예요. 친구와의 대화 속 내용을 기억했다가 다시 말해주는 친구라면 정말 믿음이 가잖아요.

"너 지난번에 이 아이돌 좋아한다고 하지 않았어?"라며 여러분이 좋아하는 아이돌 멤버의 포토카드를 건넨다면 어떨까요. 아마 금세 절친이 되고 믿을 수 있는 친구라고 생각하겠죠. 반대로 나의 취향을 존중하지도 않고 좋아하지도 않는 아이돌을 함께 좋아하자고 강요하는 친구가 있다면 어떨까요. 친구 하고 싶은 마음이 생기지 않을 거예요. 이와 같습니다. 정보를 받아들일 때 집중해서 듣고 그 메시지의 의미를 존중하는 것이 중요하지요.

어떻게 집중하여 정보를 인식할 수 있을까요. 집중하기 위해선 우선 주변의 방해 요소를 최소화해야 합니다. 신경 쓸 일이 많으면 집중할 수가 없지요. 사람들이 많은 곳에서 시끄러운 가운데 친구의 이야기를 들으면 그 내용에 집중할 수 없잖아요. 마찬가지입니다. 경청을 하고 싶으면 집중해서 정보를 받아들일 수 있는 조용한 장소를 찾으세요. 최대한 정보에만 집중할 수 있어야 합니다. 또한 마음이 평온해야 집중이 가능합니다. 신경 쓰이는 일이 있거나 기분이 좋지 않은 상태에서는 집중하기가 쉽지 않으니까요. 그 정보에 온전히 최선을 다할 수 있도록 편안한 상태를 유지해야 하지요.

정보를 수용하면서 중간중간 딴생각이 떠오를 수 있습니다. 이럴 때는 다른 생각을 정리하고 그 정보에 주의를 두도록 노력해요. 정보의 내용을 요약하며 듣는 것도 좋습니다. 핵심 내용이 무엇인지 짧게 짧게 줄여가며 정보를 정리해보는 겁니다. 글이라면 단락별로 정리해보고요. 상대방과 대화에 집중하고 있다면 질문을 하세요. 대화의 요지를 확인하면서 듣는 것도 좋아요. 영상에서 정보를 얻는다면 썸네일에서 핵심 내용이 요약된 것이 있는지를 확인합니다. 주제에 따라 내용을 요약하며 듣습니다. 정보에 대해서 궁금한 점은 메모해두는 것도 필요합니다. 나중에 정보를 정리할 때 정확하지 않은 부분, 의문이 생기는 것에 대하여 정리해두세요. 더 명확하게 정보에 집중할 수 있습니다. 좋아하는 친구에게 집중하고 그 친구의 말을 경청하듯이 정보를 대해보세요. 정보에 대해서 더 많은 것을 이해할 수 있을 겁니다.

이번에는 존중하면서 정보를 받아들이는 것을 연습하겠습니다. 존중은 정보를 전달하는 사람의 의견을 함부로 판단하거나 깎아내리지 않는 것입니다. 정보를 접하고 우리가 흔히 알고 있는 지식과 생각에 일치하지 않으면 순간적으로 '이건 아닌데'라는 생각이 떠오르기도 하는데요. 그럴 때 조심해야 합니다. 내가 알고 있는 부분과 의도가 다르거나 내가 잘못 알고 있을 수 있으니까요.

"너 그러면 안 돼. 상식적으로 어떻게 그런 생각을 하니." 친구의 의견에 이런 답변을 내놓았다고 해봐요. 내가 말하는 상식과 친구가 생각하는 상식의 내용이 다를 수 있습니다. 어떤 백그라운드 정보를 갖고 있느냐에 따라서 생각을 펼치는 방향이 다른 것뿐입니다. 틀린 것은 아니지요. 이것을 인식하고 시작하는 것이 중요해요.

존중하며 정보를 파악하기 위해서는 우선 전체적인 의도나 목적을 이해하려고 노력해야 합니다. 판단하기 전에 정보의 서두나 제목을 살펴보세요. 어떤 의도와 목적을 가졌는지를 알아야 하니까요. 문맥을 이해하고 정확한 배경지식을 활용하세요. 정보를 최대한 이해하고자 노력해야 합니다. 정보의 주제나 관련된 것들에 대하여 살펴볼 때 사전을 활용한다면 더 정확한 맥락을 파악하는 데 도움이 되지요.

존중은 내 마음대로 섣불리 판단하지 않는 것을 의미합니다. 최대한 객관적으로 정보를 수용하려는 태도가 필요하겠지요. 또 주장과 근거를 분석하면서 정보를 정리해보면 좋습니다. 어떤 부분이 주장이며 근거는 무엇인지 정리해보세요. 정보의 뚜렷한 목적을 이해하는 데 도움이 됩니다. 정보의 정확한 핵심 내용과 주요 아이디어를 파악합니다. 복잡하거나 긴 내용의 정보는 반드시 이 과정을 거쳐야 명확해집니다.

정보에 대한 나의 관점을 분리할 수 있어야 합니다. 내가 어떤 관점을 가지고 있는지 알아야 해요. 그래야 정보를 객관적으로 수용할 수 있습니다. 자칫 선입관에 빠져 정보를 판단하기 시작하면 안 되겠지요. 정보를 그대로 판단하고 존중하는 데 방해가 될 수 있습니다. 한 친구를 내가 좋아할 때와 싫어할 때 같은 행동을 보더라도 판단이 달라집니다.

"어떻게 저런 행동을 할 수가 있지?"

"그럴 수도 있지. 이유가 있었을 거야."

어때요. 내가 어떤 관점을 가지고 있느냐에 따라서 생각이 달라지잖아요. 이럴 때는 정확한 판단을 내릴 수가 없습니다. 하지만 내가 이런 관점을 가지고 판단한다는 것을 알게 되면 조금 더 객관적인 판단을 내리고자 노력할 수 있답니다. 쉽지 않은데요. 모든 과정에서 잘하고 있는 건가 아리

송할 때가 있을 겁니다. 어려울 때는 정보를 왜곡하지 않고 전달하는 내용을 객관적으로 파악하려는 노력만 있어도 충분하다는 것을 기억하세요.

경청하기 위해서는 정보가 어떤 내용을 전달하는지를 정확히 알고 함부로 판단하지 않도록 노력해야 합니다. 정보를 받아들이면서 정보를 작성한 목적과 의도가 무엇인지에 집중해서 받아들이세요. 비판적으로 듣기와 경청하기의 능력을 기를 수 있을 거예요.

• 비판적 사고력 연습 •

사회 수업 시간입니다. 직업에 대한 내용을 배웠습니다. 직업은 우리의 삶에서 중요합니다. 개인의 성향과 성격, 재능과 능력 등과 깊게 연관되어 있으니까요. 어떤 직업을 가지고 일을 하게 될까에 학생들의 관심이 많은데요. 오늘은 직업의 귀천에 대한 찬반토론을 해보았습니다.

유아는 직업에 귀천이 있다고 주장합니다. 각 개인은 직업에 대해서 선호도와 흥미가 다르잖아요. 이는 개인 차원의 귀천이라고 볼 수 있다는 주장입니다. 예를 들어 어려서부터 미술에 대한 관심과 흥미가 있던 사람은 미술 관련 직업을 갖게 되겠지요. 이런 미술에 대한 선호도와 흥미는 개인이 귀하거나 천하게 여기는 하나의 기준이 됩니다. 또한 각 개인이 가진 독특한 재능과 능력도 귀천이 있습니다. 예를 들어 과학적인 능력이 뛰어난 사람은 과학 관련이나 공학 분야에서 일하게 되겠지요. 이것이 개인의 귀천을 나타냅니다. 자신의 경험과 배경에 따라 귀하게 여기고 천하게 생각하는 직업이 다를 수 있지요. 또한 개인이 그 직업을 경험하며 느끼게 되는 내적 충족감과 만족감 또한 직업에 귀천을 부여한답니다.

은우의 생각은 달랐습니다. 은우는 유아의 주장이 직업을 고르는 선택 기준일 뿐이라고 주장했습니다. 선택의 기준으로 귀천을 따지는 것은 어리석다고 말이지요. 현대사회에는 정말 다양한 직업과 분야가 존재하잖아요. 사람들은 이 중에서 직업을 선택합니다. 자유롭게 개인이 선택하는 직업에는 귀천이 없다는 반증입니다. 귀천이 있었다면 자유롭게 선택할 수 없었을 테니까요.

개인의 선택과 노력에 의해서 직업이 달라지잖아요. 직업과 훈련을 통해서 얼마든지 선택할 수 있고요. 시대의 변화에 따라 직업의 모습이 다양하게 변화합니다. 새로운 직업과 기존 직업의 변화는 환경적인 요인에 의한 결과입니다. 개인의 경험과 학습은 직업 선택과 발전에 큰 영향을 주지요. 어떤 직업을 선택하느냐에 따라서 삶도 정말 많이 달라지는데요. 사회적 배경이나 교육 수준, 경제적 상황 등은 개인의 직업에 영향을 미칩니다. 이는 귀천이 있었다면 불가능한 선택이라는 주장이지요.

유아와 은우의 주장은 팽팽했습니다. 양쪽 주장이 모두 맞는 말처럼 들렸지요. 하지만 그럼에도 한 가지 주장을 선택해야 하는 친구들은 난감

했습니다. 도대체 어떤 주장에 동의해야 할지 고민이 이만저만이 아니었지요.

💬 질문에 대답해보세요.

1. 수업 시간에 어떤 내용을 다루었나요?

☞

2. '직업에 귀천이 있다'는 것은 무슨 뜻인가요?

☞

3. 내용을 설명할 수 있는 주장을 하나 골라 자신의 배경지식을 넣어 설명해보세요.

☞

4. 잘 모르는 단어나 문맥의 뜻을 사전에서 찾아 적어보세요.

☞

5. 유아의 주장을 정리해보세요.

☞

6. 은우의 주장을 정리해보세요.

☞

7. 둘 중에서 나의 선택은 어떤 것이고 이유는 무엇인가요?

☞

8. 그 선택을 하게 된 경험이나 배경지식이 있었다면 설명
해보세요.

☞

적극적으로 들으니 감이 잡히는걸

적극적 청취란 정보를 받아들이면서 활발하고 적극적으로 수용하는 자세를 말합니다. 적극적 청취는 정보에 대하여 상대방의 관점과 의견을 존중하는 것이 최우선입니다. 열린 마음으로 정보를 받아들이면서 자신만의 판단과 선입견을 배제하는 것이지요. 정보 제공자의 경험과 지식을 존중하고 인정하며 요약하고 정리하면서 수용합니다. 이것은 집중과 존중을 넘어서 총체적으로 정보를 받아들이는 태도를 뜻하지요. 집중하고 존중한 정보에 대하여 다른 기준을 갖고 판단하기 전에 전체의 맥락을 수용하는 것입니다. 친구를 사귀는 과정을 생각해보세요. 친구가 공부를 잘하기 때문에 좋아하지만 그게 그 친구의 전부는 아닙니다. 때로는 공부를 위해서 나와 보내는 시간이 적을 수도 있잖아요. 그런 부분을 이해하면서 그 친구의 전체 특성으로 수용하는 것이 필요하잖아요. 나와 보내는 시간이 적긴 하지만 공부를 잘하고 배울 점이 많고 성실한 친구가 좋다면 그 부분을 인정하고 받아들이는 것처럼요. 전체적인 정보의 맥락을 이해하도록 노력해야 합니다.

우리는 이렇게 하고 있다고 판단하지만 실상 그러지 못한 경우가 많습니다.

"너 왜 버블티 안 먹어?"

"지난번에 내가 싫어한다고 말했잖아."

"버블티가 얼마나 맛있는데. 그걸 싫어한다니 말도 안 되잖아."

"그건 네 기준에서 생각한 거지. 나는 싫어한다고 분명히 말했어."

친구와의 대화에서 쉽게 일어날 수 있는 트러블입니다. 나는 당연히 객관적으로 친구의 취향을 판단한다고 생각했지만 나의 기준에 따라서 정하고 있는 경우가 종종 있지요. 이처럼 정보를 수용하면서 이미 확립된 자신만의 기준으로 정보를 나누고 분석하지요. 내가 아니라고 생각하는 부분은 주의를 기울이지 않고 정보를 흘려보내거나 무시하기도 해요. 하지만 적극적 청취란 그런 기준을 세우지 않고 모든 정보를 존중하는 것을 의미합니다. 자신의 호불호에 따라 정보를 나누지 않아야 합니다. 그래야 제대로 수용된 정보를 통해서 내가 알지 못하는 것 이상의 정보를 정확히 분별할 수 있으니까요.

또한 이는 정보 제공자가 갖고 있는 감정을 인식하고 그 감정을 반영하여 정보를 판단하는 것입니다. 그 사람이 정보를 왜 제공하는지와 연결하여 생각할 수 있어야 합니다. 물론 말이나 텍스트를 통해 감정을 인식하고 이해하는 것은 쉬운 일이 아닙니다. 몇 가지 단서를 통해 이 과정에 도움을 받을 수 있습니다. 우리가 정보를 적극적으로 받아들이고 그 안에 사용된 감정을 인식하기 위해서는 단어와 문장이 중요한 단서가 됩니다. 어떤 단어와 문장을 선택했느냐가 중요합니다. 사용하는 단어와 문장의 구조, 문법적 표현에 감정이 담겨 있는 경우가 많습니다. 예를 들어 '사실'이라는 단어를 많이 쓰는 글이 있다고 해보세요. 글 쓴 사람은 정보를 전달하면서 사실성을 굉장히 중요하게 생각한다고 짐작할 수 있죠. 어떤 단어를 쓰느냐에 따라 작성자의 의도가 드러나니까요. 많이 쓰이는 단어들을 통해 분석할 수 있답니다.

특정 상황이나 배경지식에 따라 같은 단어라도 다르게 쓰이는 경우가 있습니다. 이럴 때는 문맥을 파악하면서 배경지식을 활용해요. 그 단어가 어떤 의미로 쓰였는지를 분석해보면 좋습니다. 다양한 감정들의 차이를 비교분석할 줄 알아야 합니다. 감정의 차이점과 공통점을 알고 감정에 대해서 제대로 파악할 때 감정을 이해하는 것이 훨씬 더 쉬워집니다. 이렇게 다양한 정보들을 선입견 없이 정리하고 요약하고 분석하면서 비판적 사고를 위한 경청의 과정을 정리해나가면 좋습니다.

• 비판적 사고력 연습 •

은우: 저는 반려견 안락사에 찬성합니다. 반려견 안락사는 반려견의 최선의 이익을 위한 선택이라고 생각합니다. 사랑스러운 가족인 반려견들이 불치의 병에 걸렸을 때 어떻게 하는 게 최선일까요. 부득이한 상황인데요. 너무 고통스러워하는 반려견을 보는 것보다는 안락사를 택하는

것이 옳다고 생각합니다. 그들의 고통을 정리해주는 것도 가족의 몫이라고 생각합니다. 생명 연장도 필요하지만 삶의 질도 중요하잖아요. 통증이나 기능 저하, 신체적 정신적 고통을 그대로 겪어내는 것은 반려견에게도 너무 힘든 일입니다. 안락한 환경에서 가족들의 사랑을 받으며 편안하게 마지막을 보낼 수 있는 것도 최선의 돌봄이라고 생각합니다. 반려견의 복지를 최우선으로 생각하고 불필요한 고통을 주고 싶지 않은 주인의 마음을 이해해보세요. 이는 동물의 권리와 존엄성을 존중하는 태도임에 틀림없습니다.

희승: 저는 안락사에 대해 반대합니다. 모든 생명은 존중받을 권리가 있습니다. 인간에게 동물의 생명을 결정할 권리를 누가 주었습니까. 동물도 자신의 고통을 느끼고 감정을 가지는 존재입니다. 말 못 한다는 이유로 주인이 결정하는 것은 옳지 않습니다. 안락사 말고도 대체 가능한 수단이 있는지 충분히 살펴보았는지도 의문입니다. 치료나 관리 방법을 전부 다 알아보았다고 자신할 수 있나요. 분명히 더 나은 방법과 해결책이 있는데 안락사를 선택하는 것은 아닌가 싶습니다. 사람이 그것을 알아보기 귀찮다는 이유로요. 반려견과 주인은 강한 감정적 유대관계로 연결되어 있습니다. 이러한 연결은 반려견의 안락사가 주인에게도 치명적인 감정적 상처를 줄 수 있음을 의미합니다. 생사를 결정하는 것이 사람이 되어서는 안 된다고 생각합니다. 그래서 저는 안락사에 반대합니다.

📳 질문에 대답해보세요.

1. 무엇에 대한 글인가요?

☞ _____

2. 무엇을 주장하고 있나요? 주장을 정리해보세요.

☞ _____

3. 이 글의 주장에서 어떤 의견에 동의하나요? 왜 그런 생각을 했나요?

☞ _____

4. 3번의 생각을 갖고 글을 읽으면서 반대의견에 대해서 이해가 안 된 부분은 어떤 것이었는지 정리해보세요.

☞ _____

5. 나의 생각을 적용하지 말고 중립 입장으로 글의 내용을 한 번 더 살펴보세요. 양쪽 주장에서 더 이해가 되는 부분이 생겼나요?

☞

6. 글쓴이의 정보를 그대로 받아들일 때와 내 생각을 반영
   해서 반대의 의견으로 글을 읽을 때의 차이점을 비교해
   보세요.

☞

통찰력이 필요한 순간

비판적 사고를 위한 경청의 방법에는 어떤 것이 있을까요. 이제까지 정보가 제공하는 내용에 집중하고 주의 깊게 들었다면 다음은 비판적 사고의 방법을 더해서 통찰력 있게 정리해봐야 합니다. 주의를 들여 습득한 정보를 어떻게 비판적으로 정리해나갈 수 있을까요.

경청하면서 개념과 사실을 구분해두면 좋습니다. 정보를 분석할 때 개념과 사실을 명확하게 정리해두는 것이지요. 주장이나 의견을 내세우기 위하여 어떤 개념이나 사실을 활용했는지 정리하는 겁니다. 주장의 근거도 확인합니다. 정보의 주장이나 의견을 뒷받침하기 위해서 어떤 근거를 들었는지 알아보는 것입니다. 이것은 비판적 사고를 하기 위한 기본 연습 과정입니다. 비판적 사고라면 논증이나 설득을 통한 정보에 대한 공격적인 사고를 생각하기 쉽습니다. 하지만 그것이 다가 아닙니다. 정확하게 정보에서 제공하고 있는 것이 무엇인지를 알아야 합니다. 그것이 가장 중요한 베이스지요. 확실하게 내용을 인식하고 사실을 정리해야 그다음 단계로 나아갈 수 있습니다.

이를 위해서 다양성을 인정하는 것이 필요합니다. 세상에는 하나의 정답과 진리만이 존재하는 것이 아닙니다. 다양한 사람의 수많은 관점이 존재하지요. 때로는 옳고 그름을 따지기 어려운 부분도 존재합니다. 내 생각만 옳다고 주장하고 다양성을 인정하지 못한다면 어떨까요. 나 또한 어느 쪽으로든 편향된 생각과 가치관을 가질 수밖에 없겠죠. 치우친 관점과 내 생각만으로 정보를 잣대질한다면 어떨까요. 그 판단 또한 관점이 좁아질 수밖에 없겠지요. 바로 그겁니다. 다양한 관점을 고려해야 합니다. 단일한 관점이나 의견을 주장하는 것이 아닙니다. 여러 관점에 휘둘리는 것도 안 됩니다. 다른 관점에서 제시될 수 있다는 사실을 인정하는 것이 중요해요. 그래야 나와 다른 생각의 정보도 가감 없이 받아들여 객관적으로 구분할 수 있답니다.

내가 제대로 정보를 경청하고 있는지 통찰력을 가지고 정보를 받아들이세요. 그러기 위해서는 나 자신 스스로가 개방적인 태도를 유지해야 합니다. 새로운 아이디어와 관점을 환영하는 자세로 정보를 받아들여야 해요. 정보에 대해 깊이 있게 이해하기 위해서 자신이 최선을 다하고 있는지 자기 성찰도 필요합니다. 경청하지 않고 내가 판단하려고 하지는 않았나요. 결과를 좌우하려는 마음은 없었는지 자신을 돌아보는 시간이 필요합니다.

주제에 대해 잘 모르는 부분이 있다면 더 공부하려는 자세도 필요합니다. 내가 어떤 정보에 대해 알아보면서 기본 개념에 대한 부분도 정확히 모른다면 어떨까요. 더 깊이 있는 정보를 얻기 어렵겠지요. 만약 그 주제에 대해서 잘 모른다는 생각이 들면 그 분야를 더 공부하세요. 그 후 정보를 받아들이는 것이 좋습니다. 관련된 개념을 이해하고 필요한 것들을 경험해보면 정보에 대해서 깊이 있게 받아들일 수 있습니다.

이 과정에서 공감하는 자세를 잃지 말아야 합니다. 정보의 내용에 대해 열린 마음으로 접근해야 합니다. 공감만큼 통찰력을 키워주는 것은 없습니다. 나의 생각과 나를 분리하고 객관적인 사실만을 알아내겠다는 다짐으로 정보가 건네는 말에 귀를 기울이세요. 정보가 전하고자 하는 내용을 더 많이 이해할 수 있습니다.

• 비판적 사고력 연습 •

우리 친구들을 '디지털 원주민'이라고 부르는 거 알고 있나요? 태어나면서부터 스마트폰과 인터넷과 함께했잖아요. 그만큼 디지털 세상과 가깝게 지내고 있는데요. 특히 스마트폰이 없으면 몹시 불편을 느낄 만큼 여러분에게 가까울 거예요. 인터넷도 우리가 정보를 얻고 소통하는 주요 수단입니다. 이런 혜택을 누리는 대신 한 가지 문제가 생기게 되었는데요. 바로 스마트폰 과몰입입니다. 스마트폰 과몰입은 스마트폰 사용에 지나치게 집중해서 일상생활에 방해가 되는 상태를 말합니다. 여러분과는 관계없다고 생각하겠지요. 그 정도는 아니라고 주장하고 싶을 텐데요. 과연 그럴까요. 어떤 증상들이 나타나길래 증후군이라고 불리게 되었는지 알아보겠습니다.

스마트폰을 하다 보면 시간 조절을 못 하는 것을 넘어섭니다. 시간이 많이 지났다는 것조차 인식을 못 하기도 하니까요. 스마트폰을 하다가 몇 시간이 훌쩍 지나는 것은 흔한 일입니다. 스마트폰에 빠져 현실 생활이 어렵기도 합니다. 주변환경과 소통하는 것을 잊고 대화나 사회적 상호작용이

현격히 줄지요. 이로 인해서 인간관계가 손상되고 고립되기도 합니다. 학생들의 경우는 공부보다 더 재미있게 여겨 학습 효율을 떨어뜨리기도 합니다. 소셜미디어나 앱 사용으로 인해 책을 보는 활동이 현저히 줄게 되고요. 어휘력도 낮아지게 되지요. 창의성을 없애며 생각하는 힘을 약화시키는 특징이 있습니다.

스마트폰 과몰입을 규제하기 위해서는 어떤 방법이 필요할까요. 스마트폰 과몰입의 문제에 대해서 알아야 합니다. 정기적인 교육을 통해서 스마트폰 사용의 문제에 대해 알려야 해요. 스마트폰 사용의 적절한 범위를 알려주는 프로그램을 개발하고 교육해야 합니다. 사용시간 제한 및 알림 기능을 포함한 제한 기능을 강화해야 합니다. 사용자가 스스로 과몰입 상황을 인지하고 조절할 수 있는 시스템적 접근이 필요하지요. 가정과 교육 기관에서 스마트폰 사용에 관한 규칙을 만들어 사용을 제한해야 합니다. 가족끼리 사용시간을 공유하고 조절할 수 있도록 서로가 도와야 해요. 광고나 미디어를 통해 현명한 스마트폰 사용에 대한 메시지를 알려야 합니다. 공공장소에서의 사용 제한이나 운전 중 금지 등의 법과 규칙을 만들어 강력하게 대응해야지요. 실외 활동이나 운동, 취미, 가족과의 교류 등 다양한 경험으로 관심사를 전환해야 합니다. 과몰입을 완화하기 위하여 디지털 세계와 현실 세계 사이의 균형점을 찾아주어야 하니까요.

재미있어서 시작했다가 멈추지 못하는 스마트폰 과몰입. 우리의 삶과 사회에 악영향을 미칠 수 있는 만큼 확실하게 규제해야 합니다. 건강한 디지털 생활을 통해 삶의 질을 한층 업그레이드시키기 위해 함께 노력해야겠습니다.

🗨 질문에 대답해보세요.

1. 무엇에 대한 글인가요?

☞ ....

2. 개념과 사실을 구분해보세요.

☞ ....

3. 필자가 주장하는 것은 무엇인가요?

☞ ....

4. 주장의 근거가 무엇인지 적어보세요.

☞ ....

5. 글의 주장과 나의 생각에는 어떤 차이가 있나요? 둘의
   공통점과 차이점을 적어보세요.

공통점 ☞ ....

차이점 ☞ ....

6. 글을 읽고 나서 내 생각에 변화가 생겼다면 어떤 변화가 생겼고 이유는 무엇인가요?

☞ ....

7. 다른 생각을 비교하며 수용하니 어떤 점이 좋았고 무엇이 어려웠나요?

☞ ....

< 실전 문제 >

한 가지 주제를 정해서 경청하는 연습을 해보세요.

디지털 시대입니다. 그야말로 모든 생활이 디지털 없이는
이뤄지기가 힘듭니다. 가끔 컴퓨터 화면을 보면서 손으로
드래그하거나 클릭하면 편하겠다는 생각을 하는데요. 그것
만 봐도 얼마나 우리가 디지털 생활에 익숙해졌는지 이해
가 됩니다. 그래서일까요. 점점 고전적 책 읽기 빈도가 줄어
듭니다. 책보다도 쉽게 재미있게 지식을 주는 유튜브를 보
는 것이 훨씬 재미있으니까요. 학생들의 책 읽기 시간과 비
율도 현저히 줄어 10대의 문해력 문제가 대두되고 있습니
다. 과연 고전적 책 읽기를 계속해야 할까요. 아니면 시대에
맞게 미디어를 통한 정보를 수용하는 것으로 방법을 전환해
야 할까요. 둘의 장점과 단점을 비교하며 생각해보겠습니다.

미디어는 빠르게 변화하는 정보를 소비하는 데 유용합니
다. 하지만 책은 깊이 있는 지식과 지혜를 선사하지요. 미디
어에서 사용되는 단어는 한정되어 있습니다. 하지만 책에서

는 무한히 많은 새로운 어휘를 사용하지요. 책에는 저자의 생각과 경험이 방대하고 깊이 있게 표현됩니다. 짧은 미디어에 담겨 있는 내용과는 비교도 안 될 정도지요. 특히 고전 같은 경우는 인류의 지혜와 철학이 담겨 있잖아요. 미디어보다 훨씬 더 우리 인생에 영향을 준답니다.

미디어는 짧은 주기로 정보를 전달합니다. 그나마 10분 이상의 미디어를 주로 생산하던 유튜브가 이제는 달라졌습니다. 설상가상으로 5분만 넘어가도 집중이 안 되서 내용을 스킵한다는 사람들도 많습니다. 1분 이내의 쇼트폼 영상으로 사용 패턴이 변화되고 있습니다. 이대로는 집중력과 깊이 있는 사고를 기대하기 어렵습니다. 하지만 책은 어떤가요. 책은 천천히 읽으며 내용을 체계적으로 이해해야만 하는 구조입니다. 앞의 내용을 이해하지 못하면 뒤 내용을 받아들이기 어렵지요. 천천히 생각하며 읽을 수밖에 없습니다. 문제 해결과 분석 능력을 키워주고 집중력과 깊이 있는 사고를 할 수 있게 합니다.

미디어는 주로 시각적 자료를 제시합니다. 상상할 수 있는 여지가 없습니다. 똑같은 내용의 소설을 영화로 볼 때와 책으로 읽을 때 어떤 것이 더 재미있을까요. 마음껏 상상할 수 있는 책에서 더 많은 흥미가 생긴답니다. 책의 내용으로 자신이 독창적으로 세상을 그려나갈 수 있으니까요. 주인공의 행동과 대사로 한정되어 있는 영화나 영상과는 비교할 수가 없습니다. 이처럼 책은 설명과 묘사를 통해 자신만의 상상력과 창의력을 발휘하도록 돕습니다. 자신만의 해석과 해결책을 통해 마음껏 새로운 세계를 경험하는 기쁨을 누릴 수 있습니다.

고전적인 책 읽기는 이처럼 미디어와 다른 깊이 있는 경험과 가치를 제공합니다. 쇼트폼 동영상은 순간의 재미와 위트를 주지만 삶의 깊이 있는 영감을 주지는 못합니다. 미디어를 하루 종일 소비하고 나서 피곤해지는 느낌을 경험했지요. 그때의 공허함이 미디어 사용의 결과입니다. 상상력과 창조성, 지식과 지혜의 보고, 집중력의 산물인 책을 가까이하십시오. 진정한 인생의 기쁨을 느낄 수 있습니다.

주제	
서두나 제목으로 의도와 목적 알아보기	
배경지식과 정보 비교하며 차이 파악하기	
선입견과 편견 찾아보고 제외하기	
제공자의 견해 존중하며 요약하기	
정보의 전체 맥락 정리하기	

4장

문제가 뭘까?

상황분석하고 문제를 정리해볼까

비판적 사고를 위해서 내용에 대한 확실한 자료가 수집되었습니다. 경청을 통해서 정보를 이해했다면 자료를 분석해서 상황을 분석하고 핵심요소를 파악합니다. 비판적 사고는 대상과 관련된 사실을 충분히 이해할 때 시작할 수 있습니다. 사춘기가 되면 '나는 누구인가?'라는 의문을 많이 가지잖아요. 그런데 거기에 대답하기 위해서는 나 자신에 대해 살펴봐야 합니다. 내가 좋아하는 것들을 정리하고 나에 대해 알아야 합니다. 그 사실을 모아보면 나라는 사람이 누구이고 어떻게 살아갈지를 생각할 수 있잖아요. 사물을 사실을 통해 이해할 때 비판적 사고는 시작됩니다. 이는 텍스트에서 다루는 애매한 표현들을 정확하게 바꿔주는 것으로 연습할 수 있습니다.

모호한 표현을 찾아 의미를 정확하게 규정하는 거죠. 정확하게 번역하려고 노력하고 정보가 강조하는 바가 무엇인지 파악해야 합니다. 이런 것들을 모두 합해서 상황분석이라고 할 수 있습니다. 그 방법을 자세히 살펴볼까요.

비판적 사고의 개척자인 애니스(Robert H. Ennis)는 비판적 사고를 위해 12가지 분야를 분석해야 한다고 했습니다.

정확한 의미 파악하기
추론 과정에서 모호성 판단하기
진술들 사이의 모순 판단하기
결론 도출의 필연성 판단하기
진술의 구체성 판단하기
진술이 원리의 적용인지를 판단하기
관찰에 의한 진술의 신뢰성 판단하기
귀납적 결론의 정당성 판단하기
문제의 확인 가능성 판단하기
숨겨진 가정 판단하기
개념정의의 적절성 판단하기
권위에 의한 진술의 수용 가능성 판단하기

12가지 기술을 이용해 상황을 분석하고 핵심요소를 파악하기 위해 필요한 것은 무엇일까요. 우선 지적 호기심이 필요합니다. 다양한 문제에 대해서 해결책을 탐구하고 사태의 원인과 설명을 찾기 위함입니다. 언제, 누가, 어디서, 어떻게, 왜, 무엇을 같은 문제를 정리해보는 것입니다. 이때 감정적이고 주관적인 요소를 배제해야 합니다. 경험했던 것을 바탕으로 하되 증거나 타당한 논증을 근거로 결론에 도달할 수 있어야 합니다. 내 생각과 다른 여러 가지 신념들 또한 타당할 수 있다는 열린 마음을 갖습니다. 선입견이나 편견을 배제하고 결정하는 마음도 필요하지요. 특정한 신념에 의해서만 결정하지 않고요. 우리가 모든 해결책을 알지는 못한다는 자세를 가져야 합니다. 비판적인 사고에서는 모든 정보를 한 번씩은 의심해볼 수 있어야 해요. 무조건 모든 정보를 믿지 않는 자세도 필요합니다.

어떤 정보가 나의 신념과 반대되더라도 충분히 근거가 제시되어 있다면 인정합니다. 문제에 대한 탐구의 과정과 결론에 이르기까지 논리적으로 일관성을 유지하려고 노력해야 합니다. 문제의 해결책을 찾을 때까지 참을성을 갖고 계속 탐구합니다. 필요한 정보를 얻을 때까지 섣부른 판단을 하지 않습니다. 다른 관점에 대해서도 기꺼이 인정해야지요. 이러한 태도를 통해 비판적인 사고를 위한 핵심 요소를 파악해나갈 수 있습니다.

비판적 사고를 하려면 무엇보다 '왜'라는 질문을 놓치지 않아야 합니다. '나는 누구인가'를 왜 알고 싶나요? 나 자신이 나를 이해할 때 나에게 필요한 것을 준비해줄 수 있잖아요. 그래서 정확히 나를 아는 것이 필요합니다. 이와 같이 주어진 정보에 대해서 질문을 갖고 의문의 눈으로 보는 것이 중요해요. 가정과 가설, 정보의 내용이 왜 저렇게 전개되어갈 수밖에 없는지 찾아봅니다. 정보를 보고 '맞겠지'라고 생각하면 오산입니다. 정보가 왜 저렇게 논증되는지, 진짜 맞는지 낱낱이 파헤쳐보세요. 문제를 정확히 정의 내리고 핵심요소를 파악하기 위해서 이 질문을 놓치지 마세요. 그래야 제대로 문제를 정의할 수 있답니다.

목적 있는 삶이 중요하다는 말을 가끔 듣습니다. 하지만 아닙니다. 나는 절대 그렇게 생각하지 않습니다. 목적을 위해 계획을 세우는 것에 강점이 많다고 생각하지만 전혀 아닙니다. 목적을 추구하는 도중에 예상하지 못한 변화를 만난다면 어떨까요. 아마 그 상실감에 자신을 원망할지도 모릅니다. 자신의 잘못이 아닌데도 말이지요. 변화무쌍하게 살고 현실에 맞게 대응하면서 산다면 하지 않아도 될 일입니다. 괜히 과도하고 무리한 목표를 세워 스스로를 힘들게 한 꼴입니다. 목적에 집착하면서 받는 스트레스도 대단합니다. 이런 불안감이 자신의 자유와 창의성을 제한합니다. 그러므로 나는 목적 없이 자유롭게 즉흥적으로 살아가는 삶이 좋다고 생각합니다.

즉흥적으로 살아가는 것은 자유롭습니다. 스스로 선택할 수 있기에 자발적이지요. 누구의 강요도 받지 않기에 행복합니다. 순간에 집중하고 내면의 소리에 귀를 기울입니다. 계획과 예측에서 벗어나 진정한 자유를 경험하는 아주 좋은 방법입니다. 또 즉흥적으로 살아가는 것은 창의성을 키워줍니다. 계획에 묶이지 않고 자유롭기 때문이지요. 새로운 아이디어를 탐구하고 경험하는 데 도움이 됩니다. 즉흥적인 순간에 대응해가면서 우리는 예상치 못한 도전을 해결하는 힘을 얻게 됩니다.

목적에 따라가는 것은 특정한 방향으로 삶을 규정합니다. 반면 즉흥적으로 살면 무엇이든 될 수 있고 어디든 갈 수 있습니다. 얼마나 자유로운가요. 그런 만큼 다양한 경험과 가능성을 찾을 수 있지요. 새로운 관계를 형성해가며 낯선 분야에 도전하며 성장해나갑니다. 이런 풍부한 경험들이 우리를 성장시킬 것입니다. 새로운 경험에서 우리는 잘해낼 수 있습니다. 우리 안에는 많은 가능성이 잠재해 있으니까요.

즉흥적으로 현실에 맞게 살아가는 것은 우리를 현재에 집중하게 만듭니다. 목적을 이루려면 내일을 위해 오늘을 살아야 하잖아요. 얼마나 따분합니까. 오늘 지금 이 순간을 충분히 즐기지 못할 것입니다. 목표에 대한 압박과 불안으로 불행할 수밖에 없지요. 현재의 즐거움에 집중할 수 있어야 합니다. 그래야 행복합니다. 현재의 순간에서 경험을 하고 삶에 대해 고찰하는 것으로 인생은 충분합니다.

목적을 세우는 것이 여전히 중요하다고 생각하나요. 절대 그렇지 않습니다. 목적에 끌려가는 삶을 거부합시다. 순간순간을 즐기고 행복합시다. 우리에겐 그럴 권리가 충분하니까요. 망설이지 마십시오.

📱 질문에 대답해보세요.

1. 무엇에 대한 글인가요?

☞

2. 어떤 주장에 대해서 왜 반대하고 있나요?

☞

3. 진술 가운데서 모순이 있는 부분이 있나요? 있다면 어떤
   부분이고 어떤 모순이 있나요?

☞

4. 결론을 향한 모든 이유들이 타당하다고 생각되나요? 아
   니라면 이유는 무엇인가요?

☞

5. 주장의 근거가 분명한가요?

☞

6. 글의 내용이 믿을 만한가요? 신뢰가 가는 이유는 무엇인
   가요?

☞

어디서 어디까지가 문제라고?

상황을 분석하고 핵심요소를 파악했다면 문제의 범위를 정해야 합니다. 어느 정도의 범위까지 문제로 규정할지 범위를 정합니다. 그래야 다음 단계로 나아갈 수 있습니다. 예를 들어, 지구에서 일어나는 환경 문제를 다룬다고 생각해 봅시다. 지구에 환경문제가 존재하고 있잖아요. 여러 가지 원인에 의해서 그 문제들이 발생하고 있지요. 지구의 환경 문제를 어느 부분까지 다룰지를 정해야 합니다. 개인적 차원인지 혹은 단체 생활에서 문제가 되는 부분을 다룰 건지를 결정해야 합니다. 그렇게 범위를 정하지 않으면 다뤄야할 문제가 너무 많아집니다. 어디서부터 어디까지 다룰지도 모릅니다.

너무 많은 분야를 다루다 보면 구조화해서 다루기도 쉽지 않습니다. 이것저것 다루다가 결국은 주제 없이 문제를 늘어놓고 끝날 수도 있습니다. 어떤 기준으로 어느 범위까지 문제로 규정할지 범위를 정해야 합니다.

나란 사람에 대해서 사실을 파악할 때도 마찬가지입니다. 내가 좋아하는 것들을 통해서 나의 취향적인 면을 정리할 수도 있고요. 내가 추구하는 가치와 이상을 통해 내 삶의 목표를 세워나가기도 합니다. 이렇듯 나란 누구인가라는 방대한 질문 안에서 범위를 정해 문제를 구조화하는 겁니다. 너무 넓은 범위의 문제에서 답을 한 번에 찾기는 어렵습니다. 범위를 축소해서 문제를 규정하는 것이 필요해요. 지금까지 이 책의 과정을 잘 따라왔다면 크게 어렵지 않을 겁니다.

수집한 정보와 관련해서 문제의 범위를 정하는 과정이 필요합니다. 주제를 부각시키는 데 어떤 정보들이 주요 요소인지 우선순위를 정하는 것이 좋습니다. 모든 자료를 중요하게 다룰 수는 없습니다. 자료의 경중을 따져서 순위를 정해보세요. 그 과정에서 어떤 정보가 더 중요하고 이 문제에 더 많은 영향을 끼치는지 알 수 있습니다. 자료를 비교, 대조하면서 그 중요도가 더 선명하게 부각될 것입니다. 이때도 어김없이 비판적 사고가 필요합니다. 어떤 차이점과 유사점이 있는지 분석합니다. 주요 요소를 선택하는 결단력이 작용해야 하니까요. 예를 들어, 지구의 환경 문제에 대해 기후 변화에 따른 해수면 상승과 산림 및 생태계 파괴, 대기오염과 공기질 저하의 문제점을 찾았다고 합시다. 이 자료에서 중요한 차이점과 유사점을 정리해봅니다. 예를 들어, 해수면 상승은 기후 변화의 주요 결과입니다. 온실가스 배출에 의해 발생하며 인류에 영향을 미칩니다. 산림과 생태계 파괴는 산림 벌채나 산불, 무리한 개발에 의해 생겨납니다. 이는 생태계의 안정성과 생물 다양성을 위협하지요. 대기오염과 공기질 저하는 폐기물 처리와 과도한 자원 소모에서 발생하는 문제입니다. 자원관리를 효율적으로 하면서 재활용을 활성화하며 해결해야 할 과제입니다. 이처럼 차이점을 찾았다면 유사점도 생각해봅니다. 나에 대해 생각하고 규정하는 것도 마찬가지입니다. 내가 타인과 비슷하게 갖고 있는 점과 나만의 특별한 점을 분석해봅니다. 이 비교를 통해서 나에 대해 더 잘 이해하고 규정할 수 있습니다.

유사점과 차이점을 찾아보면 이 두 가지가 상호보완적이며 함께 이뤄나가야 한다는 특징이 있습니다. 하나의 문제는 다른 문제에 영향을 미칩니다. 이때 차이점보다 유사점에 집중해서 범위를 축소하는 게 필요합니다. 수집한 정보중에서 유사한 문제를 갖고 있는 것으로 범위를 한정해서생각합니다. 그래야 한 가지 주제로 문제를 수렴해갈 수 있습니다. 이런 연습을 통해서 문제의 범위를 줄여나가는 연습을 해봅니다.

세상의 모든 문제의 해결책을 찾을 수는 없습니다. 어느정도 한정된 범위 안에서 해결책들이 모여 쌓여야 합니다. 그래야 거대담론의 해결책까지도 생각해볼 수 있습니다. 너무 욕심 부리지 마세요. 단번에 나를 정의하고 내 삶의 목표나 방향을 정할 수는 없습니다. 차차 범위를 넓혀가며 나란존재를 이해하는 것으로 충분합니다. 찾은 정보 중에서 갈래를 잘 나누고 유사점을 가진 것들로만 추려서 범위를 축소해보세요. 거기서부터 공통된 해결책을 찾아갑니다. 이처럼 우리의 비판적 사고력도 작은 노력으로 시작할 수 있답니다. 너무 큰 문제를 해결하려다 보면 한계에 부딪히게 된다는 것을 잊지 마세요. 할 수 있는 생각부터, 가능한 범위에서 시작하면 됩니다.

• 비판적 사고력 연습 •

여러분은 어느 지역에 살고 있나요? 사는 지역은 모두 다를 것입니다. 하지만 각 지역마다 비슷한 혹은 다른 문제를 가지고 있을 텐데요. 우리 지역에는 어떤 문제들이 있을까요.

우리 지역의 문제를 생각할 때 가장 먼저 고려하는 게 경제적 문제입니다. 우리 지역에는 일자리나 고용기회가 부족하지 않은가 살펴봐야 합니다. 경제적 안정을 보장하고 안정적인 지역 경제를 위해서는 지역사회에 경제적 문제가 있어선 안 됩니다. 우리 지역에서는 원활하게 일자리가 창출되고 충분한 고용기회가 있는지 알아보세요. 그렇지 않다면 해결할 수 있는 우리 지역만의 특색은 무엇일까도 생각해봅니다.

두 번째, 교통문제도 지역마다 조금씩 다릅니다. 대중교통 체계가 잘 자리 잡혀 있는지, 시설은 충분한지에 따라 지역의 모습이 달라집니다. 교통 체증이 심하거나 교량이 부족한 경우는 지역이 발전하기가 어렵습니다.

지역의 환경 문제도 지역 발전에 영향을 미칩니다. 대기오염이나 물 오염 정도와 폐기물 처리 시설이 갖춰져 있는지가 중요해요. 자연 생태를 파괴하는 산업이 지역 산업의 주를 이룰 경우 생활환경에 안 좋은 영향을 미칩니다.

이 밖에도 사회적 교육 기회 부족이나 교육체계의 부실, 직업 교육의 부재 등이 지역사회 발전에 영향을 줄 수 있습니다. 지역의 특정한 상황이나 환경에 따라 달라지는 지역 문제. 우리 지역에는 어떤 문제가 존재할까요. 해결방법 또한 문제에서 원인을 제거하면서 찾아갈 수 있습니다. 문제를 먼저 확실하게 파악해야 지역 발전을 도모할 수 있습니다.

💬 질문에 대답해보세요.

1. 우리 지역사회의 문제를 알아보기 위해 이 글에서 몇 가지 범주의 문제를 채택했나요?

☞

2. 그 범주 중에서 여러분이 우리 지역의 문제 파악을 위해 선택할 기준은 무엇인가요?

☞

3. 각 범주의 문제에 존재하는 유사점과 차이점은 무엇인가요?

☞

4. 유사점에서 찾은 해결책은?

☞ _____

5. 2번에서 선택한 기준에 유사점에서 찾은 해결책을 대입
   해보면 문제 해결이 가능한가요?

☞ _____

6. 자신이 선택한 차이점으로 해결책을 찾아보세요.

☞ _____

7. 5, 6번의 해결책을 종합하여 해결책을 적어보세요.

☞ _____

문제에 이름을 붙여줘

문제의 범위를 결정했으면 문제를 정의하기 위하여 질문을 도출해야 합니다. 관련된 정보를 분석하여 범위를 정했잖아요. 질문으로 정리해야 어렵지 않습니다. 정보와 상황을 고려해서 어떤 요소들이 문제의 핵심인지를 정리해주면 됩니다. 다만 이때 문제를 정의하면서 이제껏 모은 정보들을 다방면에서 고려해볼 필요가 있습니다. 예를 들어 차별에 대해서 정보를 모았다고 합시다. 차별에는 인종차별과 성차별, 나이 차별이 있습니다. 장애나 성적 지향에 따른 차별과 종교 차별도 있지요. 조사한 자료들이 나타내는 바가 어떤 차별에 해당하는지 유목화합니다. 그래서 문제의 범위 결정 단계에서 나이 차별에 대한 이야기로 범위를 좁힙니다. 나이 차별의 다양한 요소들을 살펴봐야 한다는 거죠. 나이 차별이 왜 발생하며 어떤 상황에서 자주 발생하는지를 찾습니다. 나이 차별을 당하는 유형의 주요 특징을 알아봅니다. 피해자와 가해자에 대한 조사 등 다방면에서 문제를 바라볼 줄 알아야 합니다.

한쪽으로 치우친 문제 정의를 하지 않으려면 다방면에서 문제를 볼 수 있어야 합니다. 만약 청년의 입장에서 어른들이 하는 차별만 나이 차별의 정의에 넣는다면 어떨까요? 요즘 노인들을 '틀딱충'이라 부른다거나 전업맘을 '맘충'으로 부르는 일은 다룰 수가 없습니다. 어른들이 아이들을 나이가 어리다는 이유로 차별하는 분야만 봐야 하기 때문입니다. 어른들이 오히려 차별받는 경우까지 아우를 수가 없습니다. 그러면 나이 차별에 대해서 제대로 정의할 수 없지요. 이럴 때는 오히려 나이 차별의 범위를 좁혀서 어린 나이에 대한 차별을 중점적으로 정의하는 게 좋습니다. 하지만 그 경우는 또 문제의 범위가 너무 좁습니다. 나이 차별이라는 주제를 다 아우르기에는 치우친 견해를 가질 수밖에 없지요. 범위를 제대로 설정하는 것도 중요하고요. 그 범위에서 다양한 시선을 고려해서 문제를 정의하는 것이 중요하다는 말입니다.

나는 누구인가에 대한 질문의 답도 나의 여러 다양한 면을 살펴보고 난 후 나의 다양성을 고려하여 문제를 정의할 필요가 있습니다. 나에게는 아주 다양한 면이 존재합니다. 그 부분이 다 아우러져서 나라는 한 사람을 만들지요. 때로는 정의로운 것 같지만 개인적 이익을 추구하기도 하고요. 친구를 좋아해서 더불어 있기를 원하지만 가끔은 혼자 있는 시간이 편하다고 느끼기도 하지요. 이처럼 다방면의 내 모습을 살펴보면서 내가 진정으로 원하는 나를 통찰력 있게 생각해보는 것이 필요합니다. 그래야 한쪽으로 치우치지 않는 바른 시선으로 문제를 정의할 수 있습니다.

무엇이 문제인지를 정했으면 어떤 이유로 문제가 발생하고, 문제를 해결하기 위해서는 어떤 조치들이 행해지고 있는지를 찾아봅니다. 내가 원하는 것과 살고 싶은 삶의 방향이 일부라도 정해졌으면 그것을 위해서 내가 하고 있는 노력들을 살펴봅니다. 내가 자연스럽게 했던 행동들도 사실은 그 목표를 향해 나아가는 과정이었음을 알게 될 것입니다. 친구에게 친절하게 대했던 것이 남에게 어떻게 보일까 신경 쓰는 내 모습에서 기인했다는 것을 찾아낼 수도 있고요.

그것을 해결하기 위해서 나 혼자만의 시간이 필요하다는 것을 짐작할 수 있습니다. 하지만 이 과정이 결코 쉬운 일은 아닙니다. 비판적 사고가 이렇게 어렵습니다. 하지만 꼭 필요한 만큼 애를 써봐야 할 텐데요. 한쪽으로 치우치지 않는 공정한 생각을 갖추고 모든 현상을 보려는 노력이 필요합니다. 하지만 우리는 편협하고 다양한 사고관을 경험하기가 어렵습니다. 그래서 다양한 의견과 근거 수집이 중요합니다.

비판적 사고에는 단계가 필요합니다. 그 단계 하나하나가 유기적으로 잘 이뤄져야지만 비판적 사고력을 키울 수 있답니다. 아홉 단계로 생각을 하나하나 쪼개서 연습하는 이유가 그것입니다. 어떤 단계도 쉽사리 여기지 마세요. 단계별로 차근차근 연습하세요. 단계들이 차곡차곡 쌓여 여러분의 사고력을 기르는 데 도움이 될 것입니다.

수집한 정보와 분석한 내용, 자신의 주장과 대응 전략을 종합적으로 검토했나요. 이제 문제 정의를 위한 비판적 사고를 마무리합니다. 다음부터는 본질이 무엇인지를 알아보려고 합니다. 다양한 관점을 고려해야 한다는 것을 잊지 마세요. 어느 정보든 수집한 사람의 사고관이 포함되어 있습

니다. 아무 생각 없이 글쓴이의 주장을 따라가지 않도록 하
세요. 중심을 잡고 정보를 대하는 것이 필요합니다. 이러한
모든 것을 감안해서 종합적으로 문제를 정의해보세요. 내가
비판적 사고를 통해서 정의 내리고 해결해야 할 문제가 무
엇인지 찾아볼 수 있습니다.

문제 정의를 위한 질문 도출의 과정
1. 정보 속에서 편협한 사고를 제외하고 본질 파악하기
2. 다양한 관점에서 문제 살펴보기
3. 분석한 내용과 주장, 대응 전략 정리하며 문제 정의하기

• 비판적 사고력 연습 •

우리는 여덟 살이 되면 대개 일반학교에 입학합니다. 그 후 초등학교 6
년, 중학교 3년, 고등학교 3년의 과정을 거치지요. 대학 4년 과정을 거치
면 학교 교육이 끝납니다. 여러분도 대부분 이런 과정을 거쳐 학교에 다
니고 있을 텐데요. 과연 학교 교육만이 정답일까요. 학교 외의 교육 방
법은 문제가 있을까요.

여러분이 학교에 가는 이유는 무엇인가요. 물론 지식을 배우는 것도 중요하지만 친구와 놀러 가는 학생들도 있습니다. 다양한 경험과 관계를 익히고 경험하는 것이 좋아서 학교에 가기도 할 거예요. 모두 다 공부가 재미있는 것은 아닙니다. 하지만 여러분의 다양한 바람과 상관없이 학교에서 가장 중요하게 다루는 것은 교육입니다. 전문적으로 기술을 익힌 교사들이 정해진 교육과정에 따라 가르쳐줍니다. 이 과정에서 사회적으로 필요한 기초지식을 습득합니다. 사회적 규칙과 도덕적 가치에 대해서도 배우지요. 문제해결 능력이나 의사소통 능력도 익힙니다. 친구들과의 관계에서 자연스럽게 배우고 익히는 것들이지요. 또한 교육과정 안에서도 협력 수업을 통해서 이런 능력을 알려줍니다. 규칙적인 일정과 교육 프로그램은 여러분에게 학습 습관을 잡아주고 성취감을 일으킵니다.

하지만 이런 활동들 가운데서 흥미를 느끼지 못하는 친구들도 있습니다. 학교 교육에서 의미를 찾지 못하고 친구들과 어울리지 못하는 경우지요. 10대의 경우 학교에서 가장 많은 왕따가 일어납니다. 그 안에서 상처받고 소외되는 친구들이 많다는 뜻일 텐데요. 학교 교육의 장점은 살리되 이런 단점을 보완할 방법은 없을까요?

이를 위해 학교 교육 외의 방법으로 교육하는 방법도 있습니다. 바로 인터넷이나 도서관을 통해 공부하고 지식 습득을 하는 것입니다. 인터넷 온라인 강의를 통해 전문가의 지식을 전달받고 다양한 학습 경험을 쌓아갑니다. 자신의 수준에 맞는 강의 플랫폼을 통해 배우기 때문에 학교보다 훨씬 더 효율적입니다. 관심 분야나 학습 목적에 맞게 커뮤니티에 가입해서 인간관계도 넓혀갈 수 있습니다. 다른 사람들과의 커뮤니티 토론을 통해 해결능력과 협업능력도 기르지요. 전문가나 경험이 풍부한 사람들을 멘토로 정해서 지도와 조언도 받을 수 있습니다. 이것이 바로 홈스쿨링입니다. 홈스쿨링은 학생이 학교 대신 가정에서 교육을 받는 방식입니다. 개별 학생의 스타일이나 관심, 학습 속도에 맞춰 맞춤 교육을 할 수 있습니다. 필요하면 홈스쿨링을 하는 또래끼리 만나 친구 관계도 형성할 수 있습니다. 학교 교육에 비해서 문제될 게 하나도 없습니다. 한 가지 정답만을 가지고 있는 문제는 많지 않습니다. 교육도 마찬가지라고 생각합니다. 학교에서 적응이 힘들고 자존감을 잃는 친구가 있다면 기꺼이 다른 방법으로 교육할 수 있는 대안도 마련해주어야 할 것입니다. 아직 홈스쿨링이 대중화되지 않았지만 조금 더 관심을 가지고 인프라를 구축해나간다면 분명 학교 교육을 대체할 좋은 교육법이 될 것입니다.

🗨 질문에 대답해보세요.

1. 무엇에 대한 글인가요?

☞ _____

2. 정보에서 알려주고 있는 두 가지 관점의 차이는 무엇인

가요?

☞ ....

3. 학교에서 배울 때의 이점과 단점을 생각해서 적어보세요.

☞ ....

4. 학교 외의 방법으로 배울 때의 이점과 단점을 적어보세요.

☞ ....

5. 이 글에서 다루는 정보의 문제 파악을 위한 핵심 질문은
   무엇일까요?

☞ ....

6. 이 글의 핵심을 정리하여 앞으로 생각해볼 문제를 정의
해보세요.

☞ ....

▎다음 글을 읽고 문제 정의를 해보세요.

폭력이란, 누군가가 다른 사람에게 신체적인 피해나 말이나 행동으로 상처를 주는 것을 말합니다. 예를 들면, 싸움이나 폭행, 협박 등이 있습니다. 이런 폭력은 아픈 상처를 남깁니다. 이는 신체적 상처뿐 아니라 정신적으로도 이어집니다. 폭력은 피해자의 자존감을 훼손시키고 불안감을 줍니다. 이러한 폭력은 우리 사회에서는 용납되지 않지만 여전히 발생하고 있습니다.

신체적 폭력은 누군가에게 신체적 피해를 주는 것을 말합니다. 예를 들어, 폭행이나 추행이 그 예시입니다. 이는 몸에 상처를 주거나 아픔을 초래할 수 있습니다. 신체적 폭력의 상처는 정신에도 많은 영향을 줍니다. 사람을 위축되게 만들고 자존감을 낮추지요.

언어적 폭력은 말이나 언어를 사용하여 상처를 주거나 모욕하는 것을 말합니다. 이는 욕설, 괴롭힘, 비방 등으로 표현될 수 있습니다. 언어적 폭력은 상대방의 자존감을 훼손시키고 내면적인 상처를 남깁니다. 말 한마디로 천 냥 빚을 갚는다고 합니다. 때로는 폭력적인 언어 표현이 사람의 삶을 초토화시키기도 하지요. 구제불능의 인간이라거나 인간쓰레기 등 상처를 주는 언어를 통해 다시는 되돌릴 수 없는 정신적 상처가 생깁니다.

사회적 폭력은 사회적 수단을 사용하여 상대방을 괴롭히거나 배척하는 것을 말합니다. 이는 소외, 차별, 인신공격 등으로 나타날 수 있습니다. 사회적 폭력은 상대방의 사회적 관계와 정서적 안녕을 해칩니다. 사회적 지위를 이용하여 함부로 대하는 것입니다. 누구도 어떤 이유로도 폭력을 당해서는 안 된다는 사실을 인지하지 못한 채 발생하는 폭력입니다. 윗사람이니 그럴 수 있다고 이해해서는 안 됩니다.

신체적 폭력은 신체적 피해를 주는 반면, 언어적 폭력과 사회적 폭력은 말과 행동을 통해 상처를 주고 괴롭힙니다. 신체적 폭력은 몸에 상처를 남기지만, 언어적 폭력과 사회적 폭력은 내면적인 상처를 남길 수 있습니다. 모든 종류의 폭력이 상대방에게 피해를 주거나 상처를 입힙니다. 모든 폭력이 우리 사회에서 용납되지 않아야 합니다. 예방과 대

처 방법을 통해 막아야 합니다. 폭력은 상대방의 자존감을 훼손시키고, 불안과 고통을 초래할 수 있습니다

내 주변에서 일어나고 있는 폭력을 알고 있나요? 내게 혹은 주변에 어떤 폭력이 발생하는지 알아보세요. 내게 악영향을 미치는 폭력에 대해서 경각심을 가질 필요가 있습니다.

정의할 대상	
문제 상황 분석	
수집된 정보 정리	
핵심요소 파악	
문제 범위 결정	
문제 정의를 위한 핵심 질문	
문제 정의하기	

5장

사실인지 확인해봐

이야기의 출처 확인 후 선택하기 직전

정보를 받아들이면서 가장 중요한 것이 무엇일까요. 바로 정보의 정확성입니다. 공부 잘하는 법이라며 떠도는 이야기들이 많습니다. 하지만 과연 그 정보들이 얼마나 정확할까요. 진짜 공부 잘하는 사람이 말한 방법이 맞는지, 얼마나 정확한 정보인지 확인해야 하는데요. 어디서 어떤 과정을 거쳤는지 알아보지도 않은 채 정보를 받아들인다면 어떨까요. 잘못된 방식으로 공부해서 오히려 노력 대비 낮은 효과를 얻게 될지도 모릅니다. 어떤 정보든 주어진 그대로 받아들이는 것은 무척 위험합니다. 출처가 확실한지 알아야 합니다. 정확한 정보를 전달하고 있는 것인지 팩트 체크를 할 필요가 있습니다. 정보의 출처를 알아보는 방법에는 어떤 것들이 있을까요?

우선 신뢰할 수 있는 사이트에서 만들어진 정보인지 확인해야 합니다. 주요 언론사나 정부 기관이 내놓은 정보인지를 확인하면 믿을 수 있습니다. 출처를 밝힌 정보의 경우는 원출처를 체크하세요. 진짜 그 기관에서 내놓은 정보가 맞는지 확인할 필요도 있습니다. 여러 가공 과정을 거치면서 내용이 변질되었을 수도 있습니다. 동일한 정보를 여러 출처에서 다루고 있는지 확인하는 게 좋습니다. 여러 출처에서 다루고 있다면 그 정보의 신뢰성이 높아집니다. 다양한 출처 확인을 통해서 정보의 정확성을 높이는 것이 좋습니다. 정보의 제공자가 누구인지를 확인하는 것도 필요합니다. 정보 제공자의 이름과 프로필을 확인할 수 있다면 정확성이 높아집니다. 자기 이름을 출처로 남기면서 정확하지 않은 정보를 전달하는 경우는 많지 않으니까요. 정확하게 자신의 관점을 피력하는 정보에서는 글쓴이의 이름과 소속을 알 수 있답니다. 이를 확인하면 팩트 체크에 도움이 됩니다.

독립적인 기사 검증 사이트나 팩트 체크 사이트를 활용하는 방법도 있습니다. Snopes는 인터넷상에서 퍼지는 소문, 미신, 사기 등의 사실 여부를 검증하는 사이트로 유명합니다. 다양한 주제에 대한 사실 확인을 제공합니다. FactCheck.org는 미국의 정치적 진실성을 검증하는 사이트입니다. 정치적 이슈와 선거 관련 주장에 대한 사실 여부 확인과 공정한 판단을 도와줍니다. PolitiFact는 주로 미국의 정치 선거 및 정치적 주장에 대한 팩트 체크를 수행하는 사이트입니다. 주장의 진실성을 "진실", "부분적으로 사실", "거짓", "거짓말"의 등급으로 분류합니다. Reuters Fact Check는 국제 뉴스 에이전시인 로이터(Reuters)가 운영하는 팩트 체크 플랫폼입니다. 세계 각국에서 발생하는 다양한 주장과 소문에 대한 사실 확인을 제공합니다. FactCheckEU는 유럽연합(EU)에서 제공하는 팩트 체크 네트워크입니다. 유럽 관련 주장과 정보에 대한 사실 확인을 수행하고 이를 보도합니다.

　한국의 기사문을 팩트 체크하는 사이트도 있습니다. 뉴스픽은 정치, 경제, 사회 등 다양한 분야의 뉴스에 대한 팩트 체크를 수행합니다. KBS 팩트체크는 공영방송에서 운영하는 팩트 체크 프로그램과 관련하여 사실 여부를 확인하고 보도하는 사이트입니다. 뉴스타파 팩트체크는 뉴스타파가 운영하는 팩트 체크 플랫폼입니다. 정치, 사회, 경제 등 다양한 주제의 사실 여부를 검증합니다. 허프포스트 팩트체크는 허프포스트에서 운영하는 팩트 체크 섹션으로, 다양한 주제에 대한 사실 확인을 제공합니다. 이런 사이트들을 통해 팩트 체크를 해보면 도움이 됩니다.

여러분은 자주 사용하는 소셜미디어를 통해서도 많은 정보를 얻을 텐데요. 소셜미디어를 통해서 퍼지는 정보는 어떨까요. 정확하지 않거나 왜곡된 정보일 가능성도 큽니다. 여러분이 '카더라'를 통해서 전해 듣고 전달하는 정보도 포함되어 있습니다. 잘못된 정보일 위험이 높겠지요. 연예인 뉴스에서 가짜 뉴스가 쉽게 퍼지는 것을 경험해본 친구들은 알 거예요.

소셜미디어에는 엉터리 정보가 많습니다. 클릭수를 늘리기 위해 일부러 거짓 정보를 흘리기도 합니다. 소셜미디어에서 정보를 얻었다면 한 번 더 체크해보는 것이 필요합니다. 흔히 유튜브를 통해서 노출되는 "상위 10% 공부 잘하는 아이들의 비결, 공부 잘하는 방법 10가지. 이렇게 하면 의대간다 BEST3" 같은 영상을 생각해보세요. 그 영상의 출처가 어디인지 정확히 알지 못하는 경우가 많습니다. 얼마나 정확하고 신뢰도 높은 정보인지 알지 못한 채 재미로 정보를 보다가 무의식에서 그 내용을 받아들이기도 하니까요.

정보를 수용할 때는 출처를 확인하고 다양한 출처를 비교해보면 좋겠지요. 통계 데이터나 연구 결과, 역사적 사실과 함께 기록되어 있는지 확인해야 합니다. 검증 가능한지를 살펴봅니다. 사진이나 비디오는 조작될 가능성이 크기 때문에 해당 영상의 출처를 확인 후 검증하는 것이 필요합니다. 공포나 감정에 의존하는 정보나 이익을 위하거나 특정 성향을 가진 사용자의 주장은 더더욱 신중히 검토해서 받아들여야 합니다. 정확한 출처 비교와 선택을 통해 우리는 조금 더 현명하게 정보를 선택할 수 있답니다.

출처 확인 방법
1. 출처 확인 및 다양한 출처 비교
2. 다양한 팩트 체크 사이트 활용
3. 검증 가능한 사실 확인하기
4. 검색엔진으로 진위 여부 확인
5. 의심스러운 정보를 신중히 검토

앞으로 실외이동 로봇의 보도 통행이 가능해진다.

그동안 실외이동로봇은 보도 통행이 불가능했지만 지능형로봇법과 도로교통법을 개정하면서 운행안전인증을 받은 실외이동로봇에 보행자의 지위를 부여해 보도 통행을 허용한다. 지능형로봇법에서 규정한 운행안전인증 대상은 질량 500kg 이하, 속도 15km/h 이하의 실외이동로봇이다.

실외이동로봇 또한 보행자와 동일하게 신호위반, 무단횡단 금지 등 도로교통법을 준수해야 하며, 실외이동로봇이 이 규정을 위반하는 경우 운용자에게 범칙금 3만 원 등을 부과한다.

산업부와 경찰청은 실외이동로봇 운행안전인증 제도 시행 초기단계에서 운행안전인증을 받은 로봇이라도 안전사고를 유발할 우려가 있는지 면밀히 모니터링할 예정이다. 산업부는 "보도 위에서 실외이동로봇이 다가오더라도 당황하지 말고 진행을 고의로 방해하거나 로봇을 파손하지 말아달라"고 당부했다.

운행안전인증을 받으려는 자는 산업부가 지정한 운행안전인증기관에서 운행구역 준수, 횡단보도 통행 등 16가지 시험항목에서 실외이동로봇의 안전성을 검증받아야 한다. 산업부는 개정 지능형로봇법이 시행되는 이날부터 실외이동로봇 운행안전인증기관 지정 신청을 접수받으며, 이달 안에 운행안전인증기관을 신규 지정할 예정이다. 또한 한국로봇산업협회를 손해보장사업 실시기관으로 지정해 실외이동로봇 운영자가 가입해야 할 저렴한 보험상품 출시도 지원한다.

[출처] 대한민국 정책브리핑(www.korea.kr)

❓ 질문에 대답해보세요.

1. 무엇에 대한 글인가요?

☞ ----

2. 이 정보의 출처는?

☞ ----

3. 다양한 내용을 알아볼 수 있도록 비슷한 내용을 다룬 다른 뉴스를 찾아보세요.

☞ ----

4. 정확한 내용은 어떤 사이트에 접속해서 확인할 수 있을까요? 사이트에 접속해서 조사한 내용을 적어보세요.

☞

5. 의심스러운 정보는 없나요? 있다면 어떤 부분이고 어떻게 검증할 수 있을까요?

☞

사실과 의견은 확실히 달라

　우리가 어떤 정보를 접했을 때 그것이 꼭 정확할까요? 혹시 정보 제공자의 의견은 아닌지 구분할 줄 알아야 합니다. 사실이란 실제 있었던 일이나 현재에 있는 일을 말합니다. 의견이란 어떤 대상에 대하여 가지는 생각을 의미하지요. 사실이란 확인 가능하고 증명 가능한 것을 말합니다. 의견은 개인의 주관적인 생각입니다. 이를 정확히 구분해야 제대로 된 정보를 판단할 수 있습니다. 사실과 의견은 뜻만 보아도 확연히 다릅니다. 비판적 사고에서는 사실과 의견을 구분하는 것이 굉장히 중요합니다. 사실과 의견을 구분함으로써 올바른 정보를 선별할 수 있기 때문입니다. 이를 정확히 분별하지 못하면 주관적 편향에 빠질 수 있습니다. 예를 들어 미디어에서 사실인 것처럼 의견을 포장하여 전달했습니다. 그런데 정확하게 구분하지 못하고 받아들인다면 어떨까요. 정보 제공자의 의도대로 편향된 사고를 할 수밖에 없겠지요. 이는 비판적 사고에서 지양해야 할 요소입니다.

사실과 의견을 구분하면 논리적인 사고를 발달시킬 수 있습니다. 사실을 기반으로 논리적으로 이야기하다 보면 타당한 주장을 통해 사람들과 의사소통할 수 있습니다. 이는 비판적 사고력을 향상시켜 더 나은 결정을 하고 해결책을 찾는 데 도움을 줍니다.

사실과 의견은 어떻게 구분할 수 있을까요? 사실은 확인 가능하고 증명 가능합니다. 객관적입니다. 누구에게나 같은 결과를 제공합니다. 예를 들어 지구가 태양 주위를 도는 데 24시간이 필요하다고 해보세요. 이 주장은 사실입니다. 지구가 태양 주위를 도는 시간은 천문학적으로 확인 가능하고 증명 가능한 사실입니다. 누가 측정해도 같은 결과를 얻지요. 하지만 커피가 이 세상에서 가장 맛있는 음료라는 정보는 어떤가요? 사실이 아닙니다. 맛있다는 기준은 사람마다 다르며 증명해낼 수도 없습니다. 따라서 이것은 의견에 해당이 되겠지요.

우리가 이런 내용을 잘 분별하지 못한다면 어떻게 될까요. 하루가 24시간이라는 것을 개인의 의견으로 여기고 거부한다면요? 혹은 커피가 이 세상에서 가장 맛있다는 것을 사실로 받아들여 모두에게 커피 음료를 대접한다면 어떨까요. 제대로 된 논리적 사고를 할 수 없습니다. 공부 잘하는 법도 마찬가지입니다. "공부를 잘하기 위해서는 계획을 세우는 것이 중요하다. 공부할 주제와 목표, 일정 등을 계획하여 효율적으로 학습할 수 있다"와 "공부할 때 간식을 먹는 것이 좋다. 특히 초콜릿을 먹으면 기분이 좋아져 공부의 효율이 높아진다" 이 중 무엇이 사실이고 의견일까요. 이제 의견과 사실을 구분할 수 있을 것입니다. 아주 간단한 예를 들어 설명하니 이해가 쉽지요.

사실과 의견은 사용하는 언어로 구분할 수 있습니다. 사실은 정확하고 일반적인 언어를 사용합니다. 의견은 '대부분', '아마도', '개인적으로'라는 말을 사용하여 진술하는 경우가 많습니다. 정보를 분석하면서 이런 어구들을 신경 써서 체크해보세요. 사실과 의견을 구분하는 것이 조금 더 쉬워집니다.

쉬운 경우만 있는 것은 아닙니다. 의견을 교묘하게 사실인 것처럼 숨겨서 진술하면 구분이 쉽지 않습니다. 예를 들어 "연구에 따르면, 90%의 사람들이 향수를 사용하면 자신감이 증가하고 매력적으로 느껴집니다"라는 표현은 어떤가요. 정확하고 일반적인 언어로 진술되었지요. 연구 결과를 활용했기에 사실이라고 판단하기 쉽습니다. 하지만 이 문장은 의견을 사실인 것처럼 숨겨서 진술한 예시입니다. "연구에 따르면"이라는 표현으로 시작하여 사실처럼 보이지만 아닙니다. 개인의 주관적 경험과 감정에 기반한 주장입니다. 90%의 사람들이 향수를 사용하면 자신감이 증가하고 매력적으로 느껴진다는 것은 개인의 해석입니다. 자신의 주관적 경험에 따른 주장으로 분류됩니다. 이 주장을 사실로 받아들이기 전에 추가적인 연구 결과나 근거를 확인해볼 필요가 있습니다.

위 문장에서 사용한 연구라는 것이 어떤 연구인지 정확한 출처를 밝히지 않았잖아요. 사실이라고 판단하기는 어렵습니다. 의견이라고 볼 수밖에 없지요. 개인의 경험이나 가치관, 감정, 취향을 나타낸 의견을 사실인 것처럼 진술했지만 구별하기는 쉽지 않습니다. 사실과 의견을 구분할 때는 정보의 출처를 정확히 확인하세요. 다양한 의견과 주장을 조사해야 합니다. 여러 번 생각하고 검토해야 합니다. 신중하게 판단해야 할 필요가 있습니다. 물론 어렵습니다. 하지만 이 과정을 거쳐야 여러분에게 논리적 사고와 비판적 판단력이 생길 수 있답니다.

• 비판적 사고력 연습 •

여러분은 운동을 좋아하나요? 어릴 때 엄마 손에 이끌려 태권도장에 다녔던 경험이 한 번쯤은 있을 거예요. 태권도가 아니더라도 수영이든 인라인이라도 하나쯤은 배웠봤을 텐데요. 그때 즐거웠나요? 아직도 그때 즐거운 기억으로 다시 운동을 하고 싶은 마음이 드나요. 아니면 다시는 힘든 운동을 하고 싶지 않나요. 아마도 다시 운동을 하고 싶지 않은 친구가 많을 거 같아요. 중학생들만 봐도 자기 의지로 운동하러 다니는 친구들이 많지 않으니까요. 좋아하지도 않는 운동을 부모님은 왜 그렇게 억지로라도 시켰던 걸까 궁금한데요. 왜 사람은 운동을 해야 하고 왜 운동이 중요한지 알아보도록 하겠습니다.

운동은 건강한 몸을 유지하는 데 도움이 됩니다. 심장과 폐를 튼튼하게 하고 근육을 강화시킵니다. 운동을 하면 혈액순환이 좋아지고 면역력도 향상된답니다. 그래서 운동을 하면 감기와 같은 질병에 걸리는 걸 줄일 수 있습니다. 운동은 인체에 에너지를 줍니다. 운동을 하면 몸에 산소가 많이 공급되거든요. 이를 통해 에너지를 얻습니다. 운동을 하고 난 후 공부를 하면 집중력이 좋아지는 것은 산소 덕분입니다. 운동을 통해 에너지가 채워지면 활기찬 삶을 살 수 있습니다.

운동은 스트레스를 낮춰줍니다. 스트레스 해소에 운동만큼 좋은 것도 없습니다. 운동을 하면 몸에서 호르몬들이 나옵니다. 그 호르몬들이 스트레스를 줄여줍니다. 기분도 좋게 만들지요. 운동을 하면 스트레스 관리에도 도움이 됩니다. 운동을 하며 친구들과 즐거운 시간도 보낼 수 있습니다. 단체 운동을 통해서 친구들과 함께하는 건 너무 재미있잖아요. 친구들과의 사회적 관계도 좋아집니다. 팀워크와 협동심도 길러집니다. 개인 운동을 친구와 짝을 이뤄 하는 것도 마찬가지입니다.

이렇게 운동은 우리의 건강과 행복에 도움을 줍니다. 운동을 안 할 이유가 없겠지요. 지금 당장 침대에서 뛰어나와 운동하러 갑시다. 지금보다 훨씬 즐거운 인생을 보낼 수 있을 테니까요.

💬 질문에 대답해보세요.

1. 무엇에 대한 글인가요?

☞

2. 사실을 찾아 적어보세요.

☞

3. 사실이라고 판단할 수 있는 근거를 찾아 적어보세요.

☞

4. 의견이라고 생각되는 부분을 적어보세요.

☞

5. 4번의 문장이 사실이 아니라고 판단되는 이유를 적어보
   세요.

☞

6. 사실과 의견을 판단하면서 어떤 점이 어려웠나요? 어떻
   게 하면 사실과 의견을 더 정확하게 판단할 수 있을까요?

☞

그게 가짜 뉴스라고?

가짜 뉴스란 사람들의 흥미와 본능을 자극하여 시선을 끌기 위하여 만들어낸 뉴스를 말합니다. 원래는 뉴스 보도 형식을 차용한 의도된 거짓 정보를 말했는데요. 요즘 사람들은 이 가짜 뉴스와 메신저를 통해 유통되는 지라시나 낚시성, 광고성 기사 등을 모두 가짜 뉴스로 생각합니다. 거짓정보 확산 방지 비영리언론단체는 다음과 같이 일곱 가지 유형의 가짜 뉴스를 식별하였습니다.

풍자 또는 패러디(해를 끼칠 의도는 없지만 해를 끼칠 가능성이 있는 뉴스)

잘못된 연결(헤드라인이 본문, 시각자료와 연결되지 않는 뉴스)

오해의 소지가 있는 내용(오도된 정보를 사용한 뉴스)

허위 콘텐츠(진짜 콘텐츠가 허위 콘텐츠와 함께 공유되는 뉴스)

사기 콘텐츠(가짜로 꾸며진 뉴스)

교묘한 콘텐츠(속이기 위해 만든 진짜 이미지 속 가짜 정보)

조작된 콘텐츠(100% 거짓이며, 속이고 해를 입히기 위해 고안된
뉴스)

이러한 유형의 가짜 뉴스는 상당한 논란과 논쟁을 일으킵니다. 이를 해결하기 위하여 국제도서관 연맹(IFLA)은 가짜뉴스 확인을 위해 다음과 같은 방법을 사용하라고 제시합니다.

1. 출처를 고려하라.

2. 기사제목을 확인하라.

3. 작성자를 알아보라.

4. 근거자료를 체크하라.

5. 업데이트 날짜를 확인하라.

6. 유머나 장난이 아닌지 살펴보라.

7. 선입견을 체크하라.

8. 전문가에게 물어보라.

우리나라에서도 가짜 뉴스 예방과 대처를 위한 아래의 원칙들을 제공하고 있습니다.

▣ 허위정보 예방수칙

3권, 권장합니다

1. '사실'과 '의견' 구분

정보의 내용이 실제 일어난 '사실'인지, 작성자의 주관이 포함된 '의견'인지 구분하면 허위 정보에 쉽게 속지 않을 수 있습니다.

2. 비판적으로 사고

정보를 확인할 때는 내용의 근거가 명확하고, 논리적인지 합리적인 의심을 가지고 접근합니다.

3. 공유하기 전에 한 번 더 생각

이미 공유한 정보는 되돌리기 어렵습니다. 내가 전달할 정보를 다른 사람이 그대로 믿어도 괜찮나요?

3행, 행동합니다

1. 출처·작성자·근거 확인

명확한 출처·작성자·근거를 포함하고 있는 정보인지 확인합니다. 다른 사람이나 기관을 사칭한 정보는 아닌지 꼼꼼하게 살펴봅니다.

2. 공신력 있는 정보 찾기

근거가 많다고 해서 모두 정확한 정보는 아닙니다. 공신력 있는 문서·자료·전문가를 통해 사실을 확인합니다.

3. 사실 여부 다시 확인

정보의 내용을 종합적으로 살펴보면서 '나'와 '다른 사람'이 믿어도 되는 정보인지 사실 여부를 신중하게 판단합니다.

3금, 금지합니다

1. 한쪽 입장만 수용 금지

나도 모르게 편견을 가지고 정보를 수용하고 있지는 않나요? 하나의 사안에 대해 서로 다른 입장을 확인하고, 객관적으로 생각해봅니다.

2. 자극적인 정보에 동요 금지

합리적인 사고를 방해하고, 과도한 불안감을 유발하는 정보로 인해 감정적으로 사실 여부를 판단하지 않습니다.

3. 허위정보 생산·공유 금지

어떠한 이유에서도 허위정보의 생산과 공유는 허용될 수 없습니다. 사실 여부를 확인하지 않고, 무심코 전달한 정보로 인해 발생할 수 있는 피해에 대해 생각해봅니다.

쉽게 실천할 수 있는 일상 속 팩트체크 습관, 우리의 작은 실천에서 시작됩니다.

[출처] 대한민국 정책브리핑(www.korea.kr)

우리는 가짜 뉴스를 출처도 확인하지 않은 채 재미로 공유하는 경우가 종종 있습니다. 하지만 진실을 알지 못한 채 공유되는 가짜 뉴스는 심각한 피해를 일으킬 수 있습니다. 언론에서 발표되는 가짜 뉴스뿐 아니라 친구들 사이에서의 경험으로도 알 수 있지요. 카더라 소식을 단톡방에 공유해서 해당하는 친구가 곤란을 겪는 경험 말입니다. 진실을 확인하지 않고 성급하게 공유하다 보면 이런 문제가 발생할 수밖에 없습니다. 그 주인공이 내가 될 수도 있습니다. 우리가 어떤 정보를 접할 때 행여나 정보에 가짜 뉴스가 속해 있는 것은 아닌지 반드시 확인하는 습관이 필요합니다.

• 비판적 사고력 연습 •

다음은 외국에서 보도되었던 가짜 뉴스의 사례들입니다.

1. 난민들은 거의 모두가 범죄자이다.
2. 힐러리 클린턴은 사실 남자이다.
3. 미국의 대통령이었던 버락 오바마는 이슬람교도이다.
4. 70만 명에 이르는 독일인이 메르켈 총리의 난민 정책 때문에 고향을
   떠났다.
5. 프랑스 대통령 에마뉘엘 마크롱은 동성애자이다.

⌄

질문에 대답해보세요.

1. 위 뉴스들에서 하나를 골라 관련된 뉴스를 찾아봅시다.

☞ _____

2. 그 뉴스가 가짜 뉴스임을 밝히려면 어떻게 해야 할까요?

☞ _____

3. 뉴스의 출처를 찾아보세요.

☞

4. 뉴스를 쓴 사람을 찾아보세요.

☞

5. 가짜 뉴스를 밝히는 과정을 경험해보면서 느낀 점을 적
   어보세요.

☞

가짜 뉴스를 다루는 유튜브 채널을 하나 정해서 영상을 시청하고 팩트체크를 해보세요.

유튜브 채널명	
영상 제목	
영상 내용	
영상에서 사실과 의견 구분하기	
출처, 작성자, 근거 확인	
반대쪽 입장 찾아 적기	
팩트체크 확인 결과 정리하기	

6장

질문의 힘을 믿자

무엇을 묻고 싶은 거지?

우리가 어떤 정보를 접하게 되면 그 내용에 대해서 질문할 수 있어야 합니다. 무조건 그 내용을 받아들이면 안 됩니다. 질문을 통해서 답을 찾아나가는 과정을 거쳐야 합니다. 비판적 사고의 힘이 발휘되는 순간입니다. 예를 들어 내가 사귀고 싶은 이성 친구는 어떤 유형일지 스스로에게 질문을 던져보세요. 외모가 멋진 친구를 사귀는 게 목표라면 그렇게 생각한 근거를 생각해보는 겁니다. 내가 아이돌을 좋아하기 때문이라는 근거를 찾았다면 그 근거가 신뢰할 만한지 생각합니다. 나 말고도 다른 친구들도 아이돌을 좋아하는 경우가 많잖아요. 그렇다면 이건 신뢰할 수 있는 근거로 보기 힘들겠죠. 그렇다면 내가 그렇게 생각한 이유에 어떤 편향이 숨어 있는지 따져보는 겁니다. 이런 꼬리에 꼬리를 무는 질문들이 우리의 생각을 더 논리적으로 만들고 깊이를 부여합니다.

질문을 통해서 어떤 근거나 증거가 이 주장을 지지하는지를 생각해보세요. 그 근거가 신뢰할 만한지 알아볼 수 있습니다. 주장의 논리가 일관되고 타당한지 모순이나 허점이 없는지 따져봅니다. 다른 사람의 의견이나 시각을 어떻게 받아들일 수 있을지도 고민하겠지요. 다양한 관점을 비교하면서 자신의 생각을 정립해나갈 수 있습니다. 어떤 이해관계나 이익, 편향이 숨어 있는지 질문을 통해서 찾아봅니다. 숨겨진 동기와 편향을 파악하는 것은 중요합니다. 주장의 신뢰성과 타당성을 판단하는 데 도움이 됩니다. 또 관련 사실이나 개념, 이론에 대해서 추가적인 질문을 해보세요. 관련해서 이해와 지식을 확장할 수 있습니다. 이 과정을 통해 다른 사람들과의 토론이나 논의에서도 더 깊은 통찰력을 가지게 됩니다.

우리가 질문을 할 때 목적을 정한다면 더욱 좋습니다. 생각나는 대로 마구잡이로 질문하면 안 됩니다. 목적이 있는 질문은 비판적 사고를 촉진합니다. 사실과 의견은 분석하는 데 도움이 됩니다. 깊은 이해를 할 수 있도록 해주지요. 질문의 목적에는 어떤 것들이 있을까요.

내가 좋아하는 이성의 유형에 대해 궁금하다면 그 질문의 목적은 무엇일까요. 나의 이상형을 찾는 큰 목표가 있습니다. 지금 당장 내 주변의 마음에 드는 이성에 대한 평가 기준을 만드는 것도 목표일 수 있습니다. 작은 목표까지 다양한 이유가 존재할 겁니다. 내가 진짜 이 질문을 하는 이유가 무엇인지를 생각해봐야 합니다. 그 목적에 따라서 답변의 방향과 내용이 달라질 수 있으니까요.

질문을 통해서 정보와 근거의 신뢰성과 타당성을 판단할 수 있습니다. 출처나 방법론, 연구의 신뢰성과 편향성 여부 등에 대한 질문을 통해 정보의 질을 평가합니다. 자료를 정리하고 가치 있는 정보에 대해서만 참고할 수 있습니다. 질문을 통해 정보가 일관적인지 논리적으로 타당한지 검토할 수 있습니다. 논증의 구조와 가정들 사이의 관계와 모순을 파악합니다. 질문하며 주장의 타당성을 판단하는 겁니다. 주장 뒤에 숨어 있는 의도와 동기도 파악할 수 있습니다. 어떤 이해관계나 이익이 주장을 동기화하는지를 고민하고 특정한 목적을 위해서 이 주장이 정해지는지를 알 수 있습니다. 마지막으로 질문을 통해서 지식을 확장하고 이해의 폭을 넓힙니다. 개념에 대한 추가 질문과 관련된 사실과 이론에 대한 탐색적 질문을 통해서 지식을 넓히고 통찰력을 개발할 수 있습니다. 질문은 이처럼 비판적 사고의 핵심 도구입니다. 질문을 통해서 우리는 더 깊이 생각하고 탐구합니다. 자신과 다른 관점을 이해하고 수용하는 데 도움을 받을 수 있습니다.

정보를 탐색하면서 필요한 질문이 무엇인지 결정하세요. 그에 맞는 질문을 통해 더 깊이 이해하는 과정을 연습해야 합니다. 다음은 우리가 어떤 정보를 받았을 때 할 수 있는 질문들입니다.

정보 수집	무엇인가요? 어떻게 작동하나요? 왜 그렇게 되나요?
분석과 이해	왜 그렇게 생각하나요? 어떤 근거를 가지고 그 주장을 하였나요?
비판적 사고	어떤 근거가 있나요? 이 주장에는 어떤 약점이 있나요?
문제 해결	어떤 문제가 있나요? 어떤 대안이 가능한가요?
의사소통과 토론	의사소통의 주제로 어떤 것이 좋을까요? 어떤 토론 주제를 선정할 수 있나요?
자기반성과 성찰	어떤 점에서 나는 향상되어야 하나요? 내가 이 경험에서 어떤 교훈을 얻을 수 있나요?

인공지능은 현대사회에서 가장 관심 받는 분야입니다. 그만큼 미래 사회를 변화시킬 핵심 키라고 해도 과언이 아닐 텐데요. 인공지능의 영향력은 삶과 사회 전반에 걸쳐 확대되고 있습니다. 인공지능이란 인간의 인지·추론·판단 등의 능력을 컴퓨터로 구현하기 위한 기술 혹은 그 연구 분야를 말합니다. 사람 고유의 능력을 컴퓨터에서 구현하고자 시작된 것이 인공지능 분야입니다. 1956년 존 맥카시가 처음 사용한 용어입니다. 인공지능은 1980년대 후반 월드와이드웹의 출현과 이로 인한 대용량 데이터인 빅데이터의 등장으로 활기를 띠며 발전하게 됩니다. 1990년대 컴퓨터 하드웨어의 발전과 아키텍처의 출현으로 병렬처리를 하게 되었습니다. 2000년대 인공신경망 알고리즘을 획기적으로 개선한 딥러닝과 알파고의 출현으로 현실에 한 걸음 다가왔습니다. 현재의 인공지능은 급격한 변화와 발전을 거듭하고 있으며 우리 사회 전반의 영역에서 다양하게 시도되고 있습니다. 인공지능 스피커나 챗봇 서비스를 접하게 되는 횟수가 늘고 있습니다.

하지만 빠르고 편리한 인공지능이 인간에게 도움이 되기만 할까요. 아닙니다. 인공지능은 여러 문제를 가지고 있습니다. 인공지능은 많은 양의 데이터를 필요로 합니다. 그 데이터 속에 종종 개인정보가 포함될 가능성이 높습니다. 챗지피티가 이슈화되면서 많은 사람이 자신의 이름과 관련 정보를 챗지피티에서 검색하는 일이 발생했습니다. 검색된 내용은 공유되어 악용될 수 있습니다. 인공지능이 개인정보를 지켜주지 못함에도 그렇습니다. 이처럼 인공지능으로 개인정보 보호 문제가 심각해질 수 있습니다. 데이터 수집을 하고 사용할 때 인공지능이 더 강력한 규제와 보안 체계를 갖출 수 있도록 설계해야 합니다.

인공지능 기술에는 약점도 있습니다. 추상적인 사고나 상황 판단이 어렵습니다. 윤리적인 판단과 같은 사고력은 인간의 능력을 따라가기 힘듭니다. 인공지능은 얼마든지 실수할 수 있으며 이에 대한 책임 문제도 심각합니다. 편향성을 가지고 답을 내놓아 문제가 발생할 수 있습니다. 알고리즘에 따라서 확증편향을 키우기도 합니다.

이러한 인공지능의 발달로 인해 자동화와 효율화는 증가합니다. 그로 인해 일부 직업이 인공지능에 대체될 수 있습니다. 많은 사람이 인공지능에 밀려 일자리를 잃게 된다면 어떨까요. 인간의 편리함을 위해 만든 인공지능이 인간에게 위협적으로 다가올 수도 있습니다. 새로운 일자리 창출과 교육체계의 재구성이 준비되지 않은 상태에서 인공지능이 개발된다면 사람이 그 속도를 따라가지 못해 좌절할 수도 있습니다.

인공지능은 아직 발전 단계에 있습니다. 인공지능이 인간에게 위협적이지 않으면서도 안전하게 사용될 수 있도록 많은 고민과 사회적 협의가 필요합니다. 인간과 협력하여 더 나은 결과물을 낼 수 있도록 방법을 찾아나가야 할 것입니다. 인간에게 유용한 도구로 쓰기 위해서 꼭 필요한 과정입니다.

❓ 질문에 대답해보세요.

무엇인가요?

☞

어떻게 작동하나요?

☞

왜 그렇게 되나요?

☞

왜 그렇게 생각하나요?

☞

어떤 근거를 가지고 그 주장을 하였나요?

☞

어떤 근거가 있나요?

☞

이 주장에는 어떤 약점이 있나요?

☞

어떤 문제가 있나요?

☞

어떤 대안이 가능한가요?

☞

의사소통의 주제로 어떤 것이 좋을까요?

☞

어떤 토론 주제를 선정할 수 있나요?

☞

어떤 점에서 나는 향상되어야 하나요?

☞

내가 이 경험에서 어떤 교훈을 얻을 수 있나요?

☞

질문을 잘하는 방법

본문 134~135쪽의 인공지능에 대한 글을 읽고 우리는 어떤 질문을 할 수 있을까요? 챗지피티에게 물었습니다. 인공지능이 알려준 질문입니다.

---

1. 인공지능의 잠재력에 대해 어떤 질문을 할 수 있을까요?

- 인공지능이 어떤 작업과 업무를 자동화할 수 있는지 파악해보세요.

- 인공지능이 어떻게 사람들의 일상생활과 산업 구조를 변화시킬 수 있는지 고민해보세요.

2. 인공지능의 한계에 대해 어떤 질문을 할 수 있을까요?

- 인공지능이 어떤 분야에서 제한된 성능을 보이는지 알아보세요.
- 인공지능의 판단 능력과 윤리적 고려 사항에 어떤 제약이 있는지 생각해보세요.

3. 인공지능의 사회적 영향에 대해 어떤 질문을 할 수 있을까요?

- 인공지능이 산업 구조와 일자리에 어떤 영향을 미칠 수 있는지 탐구해보세요.
- 인공지능의 활용으로 인한 사회적 문제와 도전 과제는 어떤 것들이 있는지 고려해보세요.

4. 인공지능과 인간의 상호작용에 대해 어떤 질문을 할 수 있을까요?

- 인공지능이 인간과의 상호작용에서 어떤 장점을 가지는지, 어떤 한계가 있는지 알아보세요.
- 인공지능과 인간이 협력하거나 경쟁하는 방식에 대해 고민해보세요.

5. 인공지능의 개인정보 보호와 윤리적 이슈에 대해 어떤 질문을 할 수 있을까요?

- 인공지능이 개인정보를 수집하고 처리하는 방식에 대해 어떤 우려가 있는지 생각해보세요.
- 인공지능의 사용과 개인의 권리와의 균형을 유지하기 위해 어떤 조치를 취할 수 있는지 고민해보세요.

(챗지피티를 활용한 작성)

이 예시처럼 우리가 어떤 정보를 받아들일 때 질문을 할 수 있어야 합니다. 어떤 질문을 던지며 정보를 분석해야 할까요. 비판적인 사고를 촉진하기 위한 일반적인 질문들에는 다음과 같은 것들이 있습니다.

근거와 논리:
- 이 주장의 근거는 무엇인가요?
- 이 논증에 논리적 결함은 없는지 확인해봤나요?
- 추가적인 정보나 증거가 있을까요?

전망과 예측:
- 이 결정이나 주장의 결과는 어떻게 될까요?

- 이 예측은 근거가 충분한가요? 불확실성은 어떻게 다루나요?

가정과 전제:
- 이 주장의 가정은 어떤 것들이 있나요?
- 이 가정이 합리적인가요? 이 가정을 어떻게 검증할 수 있을까요?

편향성과 의도:
- 이 주장이나 정보에는 어떤 편향성이나 특정한 의도가 있을까요?
- 이 정보의 출처나 제공자에는 어떤 이해관계나 이해할 수 있는 동기가 있을까요?

대안과 다각적인 관점:
- 이 주장에 반대되는 다른 시각이나 의견은 무엇인가요?
- 이 문제를 해결하기 위한 다른 대안은 있을까요?

결과와 영향:
- 이 주장이나 결정이 어떤 결과를 초래할 수 있을까요?
- 이 주장이나 결정이 다른 이해관계자들에게 어떤 영향을 미칠 수 있을까요?

> **일관성과 모순:**
>
> - 이 주장이 다른 정보나 사실과 일관성을 보이는가요?
> - 이 주장이 이전의 주장이나 입장과 모순되는 부분은 없는지 확인해봤나요?
>
> (챗지피티를 활용한 작성)

어떤 정보를 받아들이기 위해서 할 수 있는 질문들인데요. 주제와 상황에 따라 적절하게 질문을 골라야 하겠습니다. 내가 지금 분석하고 고민하고 있는 주제가 무엇인지 살펴보고 그 정보의 성질에 따라 질문을 결정해야 합니다.

이런 연습은 한 번에 이루어지지 않습니다. 우리가 평소에 어떤 정보를 접할 때 마음속에 질문을 품고 있는 것이 중요합니다. 질문을 갖고 상황을 대하고 그에 적절한 답변을 찾아보는 연습들이 쌓여가야 합니다. 그래야 질문에 요령도 생기고 답도 잘 찾을 수 있습니다.

나의 이상형이 어떤 사람일까 질문을 품고 있다면 계속해서 나의 행동 패턴과 생각을 살펴봐야 합니다. 내가 이성의 어떤 행동을 좋아하고 끌리는지를 체크해봅니다. 그 가운데서 내가 좋아하는 패턴을 찾아낼 수 있습니다. 질문에 대해 성급하게 답을 하거나 한 번에 답을 찾고 정리하면 깊이 있는 질문에 닿을 수 없습니다. 이상형의 기준을 성급하게 외모로 정하면 외모는 멋지지만 성격이 이상한 이성에게 상처를 받게 될 수 있습니다. 여러 번 묻고 다양한 방면에서 대답할 수 있어야 합니다.

스스로에게 질문하고 답을 찾기도 어려운데요. 타인과의 대화나 토론에서 질문하기는 더 어렵습니다. 그래서 혼자만의 논제라도 만들어 계속 연습해야 합니다. 그래야 중요한 문제를 결정할 때 타인과의 관계와 관점까지 고려한 적절한 질문을 찾아낼 수 있습니다. 타인에게 던지는 질문이 어려울수록 자신에게 묻는 질문부터 시작해보세요. 그것이 질문을 잘 만들어낼 수 있는 유일한 방법입니다. 아무 생각 없이 정보를 받아들이지 말고 여러 관점에서 질문하고 대답해보는 연습을 많이 해보세요. 비판적 사고능력이 하루아침에 길러지는 것이 아닙니다. 천천히 성실하게 연습하고 노력해야 한답니다.

• 비판적 사고력 연습 •

여러분 소셜미디어를 많이 사용하나요? 10대가 가장 많이 사용하는 소셜미디어는 페이스북인데요. 페이스북에 가입했나요? 아니면 10대가 주로 사용하는 인스타그램이나 트위터를 이용하고 있을지도 모르겠습니다. 소셜미디어 시장이 급격하게 성장하면서 10대 친구들도 많은 소셜미디어에 노출되고 있는데요. 소셜미디어는 인터넷을 통해 사람들이 정보를 공유하고 소통하는 플랫폼입니다. 소셜미디어 하나쯤 사용하지 않는 10~40대를 찾기 어려울 정도입니다. 어떤 매력이 사람들을 소셜미디어로 모이게 만드는 걸까요.

소셜미디어는 자신의 의견이나 아이디어를 표현할 수 있는 공간입니다. 그림이나 글, 음악 등의 작품을 공유하기 쉽고 자신의 관심사를 나타낼 수 있습니다. 이는 사회적 연결성을 증진시키고 우정을 쌓는 데 도움이 됩니다. 또 다양한 아이디어를 공유하고 소통하는 과정에서 창의성을 촉진합니다. 새로운 아이디어를 만들어내고 관점을 얻는 데 도움이 됩니다. 소셜미디어를 통해 쉽게 새로운 사람과 관계를 시작할 수 있습니다. 메시지를 보내거나 사진이나 동영상을 공유하면서 관계를 형성하게 합니다. 다양한 정보를 얻을 수도 있습니다. 뉴스나 엔터테인먼트, 교육 등 다양한 주제의 정보를 쉽게 공유할 수 있는 장점이 있습니다. 관심사만 같다면 지역이나 나이와 관계없이 친구가 되어 소통할 수 있다는 점도 좋습니다. 새로운 시각을 갖고 다양한 사람들과 소통하면서 성장할 수 있습니다.

하지만 소셜미디어에 장점만 있는 것은 아닙니다. 소셜미디어로 너무 쉽게 개인정보가 노출될 수 있습니다. 주의하지 않으면 개인정보가 삽시간에 퍼집니다. 그것을 나쁘게 활용하고자 하는 의도를 가진 사람에게 악용당할 수 있습니다. 자신의 정보를 공개하고 활동하는 사람조차 모두 다 믿을 수 없는 곳이 소셜미디어 공간입니다. 오프라인에서 실물을 확인하고 책임 있게 행동하는 사람들과는 다릅니다. 다양한 부류의 사람을 만나는 것은 그만큼 안 좋은 상황에 노출될 수 있는 가능성도 존재한다는 뜻입니다. 개인정보를 악용해서 여러분을 곤란하게 만들지도 모릅니다.

재미있고 중독적인 요소가 있기에 현실 생활을 제대로 영위하지 못하게 만들기도 합니다. 너무 많은 시간을 보내게 만들지요. 요즘은 영상의 길이마저 짧아져서 여러분이 더 좋아합니다. 지겹지 않게 너무나 다양한 영상이 있고 이를 소비합니다. 그만큼 재미도 있습니다. 그래서 잠깐만 해야지 하고 시작했는데 많은 시간을 보내는 경우도 허다합니다. 그러다 보면 학습이나 생산적인 활동에 소홀해질 수 있습니다. 시간을 정해놓고 하지 않는다면 소셜미디어가 여러분의 시간 도둑이 될 가능성이 높습니다.

익명성이 보장되기 때문에 자칫 사이버 괴롭힘이 발생할 수도 있습니다. 앞서 말한 개인정보를 이용해서 오프라인에서 괴롭히거나 모욕적인 행동을 할 수도 있습니다. 소셜미디어를 과도하게 사용할 경우 불안이나 우울증을 느낍니다. 자신의 게시물에 댓글이 달리지 않거나 좋아요가 없으면 불안해지기도 합니다. 악성 댓글이 달린 경우 상처를 받기도 합니다. 여러분도 조절하고 싶지만 중독이 되어 다시 빠져들잖아요. 이

것이 소셜미디어의 안 좋은 영향력이랍니다.

소셜미디어에도 장점과 단점이 분명히 존재합니다. 여러분이 이를 분별력 있게 판단해서 현명하게 사용할 수 있어야 합니다.

💬 질문에 대답해보세요.

1. 무엇에 대한 글인가요?

☞

2. 소셜미디어의 장점에 대한 주장은 무엇인가요?

☞

3. 소셜미디어의 장점에 대한 근거는 무엇인가요?

☞

4. 소셜미디어의 단점은 무엇인가요?

☞

5. 소셜 미디어의 단점의 근거는 무엇인가요?

☞ _____

6. 이 글에서 만들 수 있는 질문에는 어떤 것이 있을까요?
   여러분이 직접 만들어보세요.

☞ _____

질문을 논리로 정리해봐

특정 정보에 대해서 질문하고 따져봐야 한다는 것에 동의하지요. 하지만 어떤 질문을 어떤 순서로 해야 할지 결정하기 어렵습니다. 나는 질문한다고 했는데 그것이 논점에 어긋날까 두려울 겁니다. 엉뚱한 질문이라면 비판적 사고에 전혀 도움이 안 됩니다. 그래서 논리성을 따져보며 순서와 흐름에 따라 질문하는 게 필요합니다. 그럼 어떻게 논리성을 정할 수 있을까요.

질문을 논리적으로 하기 위해서는 명확하고 구체적인 논제에 대해 질문해야 합니다. 불분명하거나 모호한 질문은 논리적 평가가 어렵습니다. 질문은 주장이나 정보와 통하는 일관성이 있어야 합니다. 질문에 주장과 동일한 문맥이나 관련된 정보를 포함해야 합니다. 반대의 주장을 논리적으로 확인하려는 경우에도 상반된 근거를 제공해야 합니다. 또 논증의 타당성을 확인해야 합니다. 질문은 관련된 근거나 사실을 탐색합니다. 질문의 목적과 일치하는 증거나 정보를 찾을 수 있는지 확인합니다. 질문에는 논리적 일관성이 있어야 하니까요. 논리적 결함이 있는지, 주장이나 정보 간의 일관성이 있는지 확인하세요.

물론 이러한 질문은 타당한 가정을 바탕으로 해야 합니다. 부적절하거나 무의미한 가정에 기반한 질문은 논리적으로 불완전하거나 오류가 생길 수 있습니다. 또 질문은 대안적 관점이나 반대 의견을 고려합니다. 다양한 시각을 고려하는 것이 더욱 논리적이고 포괄적인 접근입니다.

어렵지요. 안 그래도 질문하라고 하면 머릿속에 아무 생각도 떠오르지 않을 텐데요. 비판적 사고를 위한 질문은 따져볼 것도 많습니다. 그렇지만 질문력이 정말 중요한 시대입니다. 정보를 그대로 받아들여서는 안 됩니다. 질문을 통해서 하나씩 따져보면서 파헤쳐나가야 합니다. 비판적 사고를 하기 위해서는 반드시 논리성에 따라 질문을 선별할 수 있어야 해요.

이렇게 선별된 질문을 어떻게 순서에 맞게 제시해야 할까요? 질문의 순서를 어떻게 정하느냐에 따라 질문의 질이 달라지고 비판적 사고의 힘도 커집니다. '나는 어떤 이성을 좋아할까'와 '나는 왜 그 아이를 좋아할까'의 질문 중에 어떤 것을 먼저 해야 할까요. 내가 구체적으로 좋아하는 이성에 대해서 자료를 모으고 생각합니다. 질문하고 대답해보면서 내가 좋아하는 이성의 특징에 대해 대답할 수 있을 겁니다. 그동안 좋아했던 이성들의 특징을 나열해보면 내가 끌리는 이성의 특징도 찾을 수 있겠지요. 이처럼 질문을 할 때 구체적인 질문에서 답을 찾아야 하는 경우와 반대된 경우가 있습니다. 생각나는 질문을 모두 적은 다음 순서를 정해보면 도움이 되겠지요. 논리적인 질문의 순서는 다음의 규칙을 따르는 것이 좋습니다.

사실 여부와 출처 확인:
- 이 주장의 근거는 사실적인가요?
- 제공된 정보나 주장의 출처는 신뢰할 만한 곳인가요?
- 출처의 신뢰성을 평가하기 위해 어떤 기준을 적용할 수 있

나요?

논증의 논리적 일관성 확인:
- 주장과 근거 사이에 일관성이 있는가요?
- 주장을 뒷받침하기 위한 근거가 충분한가요?
- 주장과 근거 사이에 논리적 결함이나 모순점은 없나요?

추가적인 정보와 증거 탐색:
- 논증을 강화하기 위한 추가 정보나 증거가 있을까요?
- 관련된 연구, 보고서, 전문가의 의견 등을 찾아볼 수 있을까요?
- 다른 관점이나 반대 의견에는 어떤 것이 있는지 알아볼 수 있을까요?

가설의 타당성 평가:
- 주장과 근거를 종합하여 가설의 타당성을 평가할 수 있나요?
- 다른 요소들을 고려하여 종합적인 판단을 내릴 수 있나요?

이런 순서대로 질문을 하나씩 해결해나가면 됩니다. 어렵더라도 논리적인 질문을 순서에 따라 연습해보세요. 그때 비로소 비판적 사고를 기를 수 있는 질문력이 생깁니다. 질문 자체를 두려워하기에 문제를 생각해볼 용기조차 못 내는 친구들이 많은데요. 그러면 논리적인 사고뿐 아니라 인생의 순간마다 만나는 자신에 대한 중요한 결정도 놓칠 수 있습니다. 그러니 겁부터 먹지 마세요. 이 세상에 틀린 질문은 없습니다. 질문의 틀과 방향을 맞춰나가다 보면 언젠가 여러분도 핵심을 찌르는 질문을 할 수 있게 될 것입니다.

• 비판적 사고력 연습 •

친구가 없는 사람은 드뭅니다. 누구나 친구라고 믿고 있는 사람들과 관계를 맺으면 살아가지요. 때로는 가족이나 부모보다 더 친밀한 관계를 맺기도 합니다. 특히 사춘기에는 친구 관계가 굉장히 중요해집니다. 엄마나 아빠에게 하지 못할 비밀 이야기도 친구에게는 할 수 있습니다. 그런데 이렇게 중요한 친구 관계인데요. 이상한 점이 하나 있습니다. 죽기 전에 정말 진실하고 소중한 친구를 몇 명만 남겨도 성공한 인생이랍니다. 이렇게 많은 친구 관계를 맺는데 왜 소중한 친구는 몇 안 되는 걸까요. 이것은 친구 관계에 뭔가 문제가 있음을 직감하게 합니다. 지금 없으면 못 살 것 같고 너무나 소중하다고 느끼는 친구라도 진짜 친구가 맞을까요. 모든 친구 관계가 유익하지도 소중하지도 않다면 우리는 옥석을 가려서 친구를 사귈 수 있어야 합니다. 어떤 친구 관계를 조심해야 할까요? 아래는 진정한 친구 관계가 되지 못하는 경우입니다.

친구 관계에는 상호작용이 우선입니다. 주고받는 관계를 형성하는 게 정상인데요. 이러지 못한 친구 관계가 문제입니다. 너무 좋아한다는 이유로 주기만 하는 관계가 있습니다. 이런 관계는 사람 사이의 수평이 한쪽으로 기울어집니다. 한쪽은 계속 주기만 하고 다른 한쪽은 받기만 합니다. 이런 경우에는 자연스럽게 관계를 이어나갈 수가 없습니다. 한 친구는 진심으로 고민을 들어주는데 자신이 이야기할 때는 상대방이 허투루 듣습니다. 무시하거나 대충 듣는 것입니다.

또한 자신의 이익을 우선시하며 친구를 배려하지 않는 관계도 있습니다. 혼자 집에 가기 무섭다며 데려다달라고 합니다. 자신이 게임을 하고 싶을 때만 친구에게 요청하기도 합니다. 그 친구의 일정과 욕구에 맞춰주기 위해 시간과 노력을 들여야 하는 일이 생깁니다. 그러면 관계가 유지되기가 힘들지요. 서로 배려하고 양보하는 자세가 필요한데요. 그러지 못하면 친구 관계는 무너질 수밖에 없습니다. 친구인데도 불구하고 자꾸 손해보는 생각이 들거나 나만 배려하는 느낌이 든다면 이런 관계는 아닌지 생각해봐야 합니다.

친구라는 이유로 과도하게 솔직한 말로 표현하는 경우도 있습니다. 친구니까 해주는 말이라며 상처가 되는 말을 합니다. 다른 사람들 사이의 평판이나 소문을 거름망 없이 전하기도 합니다. 내가 친구니까 솔직하게 말해주는 거라고 말합니다. 원래 소문을 만든 사람보다 전하는 사람이 더 나쁜 겁니다. 상처를 주기 위해서 혹은 재미로 전하는 경우가 많으니까요. 진짜 친구를 위한다면 그런 소문의 진상을 파악해서 진실을 바로잡는 것에 노력할 겁니다. 당사자에게 소문을 전해서 상처를 크게 만들지 않지요. 솔직하다는 이유로 자신의 감정을 그대로 전하는 친구도 있습니다. 아무리 가까운 관계라고 해도 조심할 것이 있습니다. 자신의 모든 마음을 솔직하게 전하는 것이 정답은 아닙니다. 상대방을 배려하면서 할 말과 하지 말아야 할 말을 선택해야 합니다. 친구라는 이유로 너무 솔직한 친구들은 때론 상처를 준답니다.

이렇듯 친구가 모두 좋은 것은 아닙니다. 친구라는 이름으로 나를 더 상처 입힌다면 관계가 없는 것보다 못 합니다. 이런 친구 관계는 과감하게 정리하세요. 세상에 사람은 많고 나와 친구가 될 사람도 많으니까요. 도움이 되지 않고 나를 배려하지 않는 사람과 친구를 맺지 않아야 합니다. 그래야 나중에 진짜 친구를 찾는 것도 쉬워진답니다. 지금 여러분 옆에 있는 친구는 진짜 좋은 친구인가요. 잘 생각해보고 안 좋은 관계라면 정리해보세요. 친구가 많아도 진짜 친구만 존재하는 것은 아니라는 점을 잊지 마세요.

💬 **질문에 대답해보세요.**

1. 이 주장의 근거는 사실적인가요?

☞

2. 제공된 정보나 주장의 출처는 신뢰할 만한 곳인가요?

☞

3. 주장과 근거 사이에 일관성이 있나요?

☞

4. 주장을 뒷받침하기 위한 근거가 충분한가요?

☞

5. 주장과 근거 사이에 논리적 결함이나 모순점은 없나요?

☞

6. 다른 관점이나 반대 의견에는 어떤 것이 있는지 알아볼
   수 있을까요?

☞

7. 다른 요소들을 고려하여 종합적인 판단을 내릴 수 있나요?

☞

❙ 다음 글을 읽고 질문을 만들고 질문에 답해보세요.

여러분은 얼마나 알뜰한가요. 나는 알뜰하게 자원을 사용하고 있다고 생각하나요? 현대사회에서는 우리가 생각하지 못한 많은 낭비가 발생합니다. 오늘은 내 주변의 낭비에 대해 알아보고 낭비하지 않는 법을 생각해보겠습니다.

여러분이 느끼지 못하지만 하고 있는 낭비에는 어떤 것들이 있을까요? 우선 에너지 낭비가 있습니다. 불필요한 전기, 가전제품 사용이나 자동차 운행 등이 에너지 낭비의 예시입니다. 이는 지구온난화를 가속하고 자원을 고갈시킵니다. 음식물 낭비도 있습니다. 버려지는 식품이 너무 많습니다. 불필요한 소비와 과소비를 통한 재화 낭비도 있습니다. 또한 무의미한 시간을 보내는 시간 낭비도 있습니다. 소셜미디어와 인터넷의 발달로 인한 정보 낭비도 있습니다. 불필요하거나 부정확한 정보가 너무나 많이 존재합니다. 확인하지도 않은 채 소비하면서 정보 낭비가 일어납니다.

이러한 낭비에는 어떤 문제가 있을까요. 자원의 낭비는 환경오염과 자원고갈의 문제를 일으킵니다. 유한한 자원을 불필요하게 사용하면서 환경이 파괴됩니다. 음식도 마찬가지입니다.

재화 낭비는 개인의 재정 안정과 사회적 경제 안정에 악영향을 줍니다. 과도한 소비와 사치하는 지출은 개인에게 어려움을 줍니다. 이는 사회적 불평등을 증가시킬 수 있습니다. 또한 시간 낭비는 개인과 조직의 생산성을 낮춥니다. 과도한 정보의 범람으로 모든 정보를 믿지 않고 거르는 리터러시 역량도 필요합니다. 이렇듯 다방면에서 일어나는 낭비를 막기 위해서는 어떻게 해야 할까요.

우선 다방면에서 발생하는 낭비를 줄이기 위해 자원관리와 보전을 강화해야 합니다. 자원 절약을 장려하는 정책을 만들고 환경친화적인 기술의 개발을 촉진합니다. 소비 교육도 필요합니다. 개인과 가정의 소비 습관을 검토하고 지속 가능한 소비와 투자에 관심을 기울여야 합니다. 금융 교육을 통해 개인의 재정 안정을 찾습니다. 사회의 경제적 안정을 도모합니다. 시간 관리 교육과 업무 프로세스 개선을 통해 시간 활용을 도모해야 합니다. 마지막으로 정보의 효과적인 공유와 관리가 필요합니다. 효과적인 커뮤니케이션 도구와 시스템을 도입하고요. 정보의 정확성과 신뢰성을 확보합니다. 정보 접근성을 높여 구성원 내 지식 공유를 장려하는 조직 문화를 조성해야 합니다.

낭비는 이처럼 다양한 형태로 우리 주위에 존재합니다. 정부나 기업, 개인 각자가 제 위치에서 역할을 수행하며 낭비 문제를 해결하기 위해 노력해야 합니다. 낭비를 줄여야 더 나은 미래를 후손들에게 선물할 수 있습니다.

질문	질문의 답

7장

논리적으로 정리하자

논리야 놀자

　　논리적 논증은 특정 주장이나 주장들의 집합을 논리적으로 지지하거나 반박하기 위해 사용되는 방법입니다. 선행하는 주장의 근거를 기반으로 주장을 도출하는 논리적 추론 과정을 말합니다. 논리적 논증은 유효성과 타당성을 갖춰야 합니다. 유효성은 전제로부터 결론을 논리적으로 유도하는 능력입니다. 논증의 형식적인 구조를 적절하게 따르는지로 판단됩니다. 즉 주장과 전제 사이의 논리적 관계가 올바른지를 확인합니다. 타당성은 논증의 전제들이 사실적으로 옳은지 그리고 현실적으로 타당한지를 평가합니다. 주장과 전제들이 현실적이고 검증 가능한 근거가 있는지를 검토하지요. 주장의 진위를 평가하기 위해 주장과 전제 사이의 실질적인 관련성과 일치 여부를 고려합니다. 논리적 논증은 합리적이고 명확한 주장을 펼칠 때 사용되는 방법입니다. 일상적인 토론이나 논쟁을 이해하는 데 도움이 되는 도구입니다.

지금부터는 논리적 논증의 몇 가지 방법을 살펴보도록 하겠습니다. 우선 일반화가 있습니다. 특정 사례나 관찰을 기반으로 일반적인 결론을 도출하는 것입니다. 예를 들어 "모든 게임에서 나는 이긴다"라는 주장은 "롤, 로블록스, 어몽어스에서 나는 상위권이다"는 사실에 기반하여 일반화된 주장입니다. 귀납법도 있습니다. 특정 사례나 사실을 통해서 일반적 결론을 도출하는 방법이지요. 예를 들어 "나는 롤, 로블록스, 어몽어스에서 점수가 높다. 그러므로 나는 게임을 잘한다"라는 주장입니다. 역추론은 특정 결론을 도출하기 위해서 주장을 역으로 검토해보는 것입니다. "만약 A가 사실이라면 B도 사실이다. 그런데 B는 사실이 아니므로 A도 사실이 아니다"라는 주장은 역추론적인 주장입니다. 모순을 도출하는 방법도 있습니다. 이 방법은 논증의 전제들이 모순되거나 상충하는 결과를 도출하여 주장을 반박하는 것입니다. 예를 들어, "만약 A가 참이라면 B도 참이다. 그런

데 B는 거짓이므로 A도 거짓이다"라는 주장입니다. 이분법적 추론은 두 개의 상반된 주장 중 하나를 선택하는 것입니다. 예를 들어, "A가 참이거나 B가 참이다. 그런데 A는 거짓이므로 B는 참이다"라는 주장이 있지요. 각각의 예를 들어한 번씩 더 정리해보겠습니다.

일반화:
- 관찰: "우리가 지금까지 본 모든 고양이는 쥐를 쫓는다."
- 일반화된 주장: "모든 고양이는 쥐를 쫓는다."

귀납:
- 관찰: "A, B, C, D, E, F, G 등 모든 샘플의 무게는 1kg보다 크다."
- 귀납적 주장: "모든 샘플의 무게는 1kg보다 크다."

역추론:
- 주장: "만약 비가 온다면 땅이 젖을 것이다."
- 관찰: "땅이 젖지 않았다."
- 역추론적 주장: "비는 오지 않았다."

모순의 도출:

- 주장: "A가 B보다 항상 크다."
- 주장: "B가 C보다 항상 크다."
- 모순의 도출: "C가 A보다 항상 크다."

이분법적 추론:

- 주장: "자동차는 엔진을 가지고 있다."
- 부정: "이 차는 엔진을 가지고 있지 않다."
- 이분법적 결론: "이 차는 자동차가 아니다."

다섯 가지 방법 중에서 내가 자주 사용하는 방법이 있나요? 내가 모든 게임에서 처음 한 판은 무조건 이긴다는 관찰을 했다고 합시다.

어떤 일반화된 주장을 할 수 있을까요. 나는 새로 하는 게임에 강하다는 일반화된 주장을 내세울 수 있을 겁니다. 또 만약 내가 새로운 게임을 한다면 나는 빠른 시간 안에 적응할 것이라고 역추론해서 살펴봅시다. 내가 롤을 처음 했을 때 빠른 시간 안에 적응했다, 고로 나는 새로운 게임에 강하다는 주장을 내세울 수 있겠지요. 어때요. 이런 논리로 내가 게임을 잘한다는 주장을 해볼 수 있을 텐데요. 논리적인 주장에 흥미가 생길 겁니다. 이제부터 예시를 통해서 각각의 논리적 논증 방법을 연습해봅시다.

• 비판적 사고력 연습 •

인간은 사회적 동물입니다. 우리는 다른 사람들과 교류하고 소통하며 함께 시간을 보내는 것으로 행복과 만족을 얻을 수 있습니다. 가족 외에 가장 밀접한 관계를 맺는 것이 바로 친구입니다. 우리는 다음과 같은 이유로 반드시 친구가 필요합니다.

전제 1: 사회적 동물인 우리는 다른 사람들과 교류하고 소통하여 행복과 만족을 얻을 수 있습니다.

• 사회적 동물인 우리는 사회적 관계를 형성하고 유지하는 것이 자연스러운 특성입니다.
• 사회적 교류와 소통은 우리의 감정적, 정서적, 인지적 요구를 충족시킬 수 있습니다.

전제 2: 친구는 우리의 감정과 경험을 공유할 수 있는 소중한 존재입니다.

- 친구는 우리와 가까운 관계를 맺고 있으며, 서로의 이야기를 듣고 이해할 수 있습니다.
- 친구와의 공유는 우리가 어려움이나 슬픔을 겪을 때 우리를 지지하고 위로해줄 수 있습니다.

전제 3: 친구는 우리의 사회적 관계를 강화하고 넓힐 수 있는 중요한 요소입니다.

- 친구들과 함께하는 활동은 새로운 사람들과의 만남과 교류의 기회를 제공합니다.
- 친구들과의 교류를 통해 우리는 서로의 관점과 문화를 이해하고 존중하는 능력을 키울 수 있습니다.

전제 4: 친구는 우리의 심리적 안정과 건강에 긍정적인 영향을 미칩니다.

- 친구는 우리를 위로하고 격려해줄 수 있습니다.
- 친구와 함께하는 활동은 우리의 육체적 활동과 뇌 활동을 촉진시키며, 우리의 정서적 안정과 행복을 증진시킵니다.
- 친구와 함께하는 시간은 우리의 인생에 즐거움과 추억을 더해줍니다.
- 친구와 함께하는 다양한 활동은 우리에게 유쾌한 경험과 흥미로운 순간을 제공합니다.
- 이러한 활동과 경험들은 우리의 삶에 풍요로움을 더해주고, 소중한 추억으로 남을 수 있습니다.

결론: 앞의 논리적 논증을 종합해보면, 친구가 필요한 이유는 다음과 같이 증명될 수 있습니다.

- 전제 1에 따르면, 사회적 동물인 우리는 다른 사람들과 교류하고 소통하여 행복과 만족을 얻을 수 있습니다.
- 전제 2, 3, 4에 따르면, 친구는 우리의 감정과 경험을 공유할 수 있는 소중한 존재입니다. 친구는 우리의 사회적 관계를 강화하고 넓힐 수 있는 중요한 요소입니다. 친구는 우리의 심리적 안정과 건강에 긍정적 영향을 미칩니다.
- 전제 5에 따르면, 친구와 함께하는 시간은 우리의 인생에 즐거움과 추억을 더해줍니다.

이러한 논리적 논증에 따라 친구는 우리에게 필요한 존재입니다. 우리의 사회적, 정서적, 심리적, 개인적인 측면에서 매우 중요하다는 결론을 얻을 수 있습니다.

☞ **질문에 대답해보세요.**

1. 이 글에서 사용한 논리적 논증의 방법은 무엇인가요?

☞

2. 어느 부분에서 그 방법이 사용되었나요?

☞ ....

3. 이 글에 제시된 것 외에 논증 방법을 사용해 주장을 보완
　 해보세요.

☞ ....

비논리적이지만 이것도 논증이래

비논리적 논증 방법은 논리적인 근거나 상호작용 없이 주장을 전달하거나 논리적 오류를 포함하는 주장입니다. 논리적이지 않기에 부적절하거나 효과적이지 않습니다. 비논리적 논증은 비판적 사고에 도움이 되지 않습니다. 억지스러운 주장 때문에 방해가 되지요. 그럼에도 이 부분을 다루는 것은 의미가 있습니다. 우리가 간혹 비논리적 논증인지도 모른 채 주장하는 것들이 있으니까요. 선별해서 사용할 줄 알아야 합니다. 나는 이성적이고 논리적인 사고만 한다고 착각하기 쉬운데요. 그렇다면 비논리적 논증의 예시들을 살펴보세요. 분명 내가 일상생활에서 논리적이라고 보고 사용하는 방법들이 존재합니다. 비논리적 논증은 합리적인 논의나 의사결정에 방해가 될 수 있습니다. 분명히 알아두고 분별해야 합니다.

비논리적 논증의 예를 살펴보자면 감정에 의한 주장이 있습니다. 판단을 내리거나 주장을 할 때 감정적 요소만 고려하는 것이지요. 예를 들어 "나는 이 주장이 마음에 들지 않고 불편하다. 그러므로 이 주장을 거부한다"와 같은 경우입니다. "나는 어몽어스 게임이 좋은 게임이 아니라고 생각한다. 왜냐하면 어몽어스 게임을 하면 기분이 나빠지고 재수가 없기 때문이다." 이런 경우도 있을 거예요.

게임을 한 것과 나쁜 일이 생기는 것에는 전혀 논리적 연관이 없는데요. 그런데도 연결 짓고 그것이 논리적이라고 생각합니다. 아닌 것 같아도 우리는 감이라는 것을 이용해 판단할 때가 있습니다. 이 감이라는 것이 바로 감정에 의한 주장에 해당합니다. 우리는 이렇듯 개인적인 경험에 의한 주장을 합니다. 개인의 경험을 일반화해서 판단을 내리지요. "내가 경험해보니"라는 말을 넣어가며 주장을 펼칩니다. 주관적인 편견이나 선입견을 바탕으로 주장하기도 합니다. "너는 어려서 올바른 판단을 할 리가 없다"라는 예시도 있습니다. 자신이 10대에 대해 가지고 있는 선입견으로 판단을 한 것입니다. 여러분도 부모님의 이런 주장 때문에 답답했던 적이 있었을 텐데요. 예상했던 대로 비논리적 논증입니다.

권위를 활용한 비논리적 주장도 있습니다. 믿을 만한 권위에 의존하여 비논리적으로 주장하는 것인데요. "그 교수의 말에 따르면"이라며 권위를 사용하여 자신의 주장을 펼치는 경우입니다. 논리적 주장이나 증거 없이 상대방을 위협하거나 협박하여 주장을 강요하기도 합니다. "말대꾸하지 말고 무조건 내 말을 따라라"라고 하는 말을 부모님이나 어른에게 들어봤을 것입니다. 아주 부당하고 비논리적인 느낌이 들었을 거예요. 또 사실이나 정보를 잘못 이해하거나 해석하여 잘못된 주장을 전달하기도 합니다. 원래 주장의 뜻을 제대로 파악도 못 한 채 자기 마음대로 해석하여 사용하는 경우입니다. 무작위적인 사건이나 우연에 기반하여 주장하거나 결정을 내리기도 합니다. 다수의 의견에 따라 주장을 전달하거나 동일 주장을 반복하여 상대를 설득하려 합니다. 사회적인 압박이나 집단의 영향력을 이용하여 주장을 전달하는 것입니다.

더 자세한 예시를 이용해서 다시 한번 정리해봅시다.

"나의 주장은 항상 옳습니다. 왜냐하면 나는 영리하고 현명하니까요."

이 예시에서는 개인의 자신감이나 자부심을 근거로 주장을 하고 있습니다. 이는 주장의 타당성과 논리적 근거를 제공하지 않습니다. 개인적인 자신감만을 근거로 주장하고 있으므로 비논리적이고 타당하지 않습니다.

"우리 회사는 최고의 제품을 만들고 있습니다. 많은 사람이 우리 제품을 구매하고 있으니까요."

이 예시에서는 다수의 사람이 제품을 구매하고 있다는 사실을 근거로 삼았습니다. 제품에 대한 설명 없이 구매자에 의존해서 우수성을 주장하고 있습니다. 하지만 단순히 많은 사람이 구매하고 있다는 사실만으로 제품의 품질이 우수한 것은 아닙니다. 많은 사람의 선택이 항상 옳은 선택은 아니니까요.

"저는 이 신발을 신었을 때 운동 능력이 크게 향상되었습니다. 따라서 이 신발은 운동 성능 향상을 보장합니다."

이 예시에서는 개인의 개인적인 경험을 토대로 신발의 운동 성능 향상을 주장하고 있습니다. 개인적인 경험은 일반적인 규칙이 되거나 판단을 내리기에는 근거가 부족합니다.

다른 사람들의 경험과 관점을 고려하지 않고 주장하고 있으므로 비논리적입니다.

"나는 이 책이 재미있지 않습니다. 이 책은 별로일 것입니다."

이 예시에서는 개인의 선호나 취향을 근거로 책의 가치를 판단하고 있습니다. 개인적인 취향이나 선호는 책의 질이나 가치를 평가하기에 충분한 논리적 근거가 되지 않습니다.

어때요. 논리적으로 사고하고 있다고 생각했는데 아닌 경우도 많죠. 일상에서 자주 등장하는 비논리적 논증이 이렇듯 존재합니다. 우리는 이제 비논리적 논증을 구별하면서 비판적 사고를 하기 위해 노력해야 합니다.

• 비판적 사고력 연습 •

공부는 꼭 해야 할까요. 나는 아니라고 생각합니다. 어른들은 공부가 꼭 필요하다고 말하지만 그건 아닙니다. 나는 여러 가지 이유에서 공부를 하지 않아도 된다고 생각합니다.

즐거운 일을 해야 효과도 좋습니다. 하지만 공부는 하나도 즐겁지 않습니다. 그런데 즐겁지도 않을 일을 왜 해야 할까요. 한 번뿐인 인생입니다. 즐겁게만 살아도 짧습니다. 굳이 좋아하지 않는 일로 인생을 낭비하는 것은 옳지 않습니다. 내가 참고 공부를 해보았지만 전혀 효과가 없었습니다. 내 경험에 의하면 참고 공부한다는 것이 더 나를 힘들게 해요. 그러니 재미없는 공부를 하지 말고 재미있는 일을 찾아야 합니다. 공부가 아니더라도 이 세상에 재미있는 것은 얼마든지 있으니까요.

사실 학교에서 공부만 하는 건 아닌데요. 학교에 가면 왜 공부만 강요하는지 그것도 문제입니다. 학교에서 친구를 만나 즐겁게 놀면 되는 것 아닙니까. 그것만으로도 사회성을 충분히 키울 수 있습니다. 그것 또한 학교의 역할일 텐데요. 그건 무시하고 무조건 공부만 강요하는 것은 옳지 않습니다. 학교의 다양한 역할들을 확대하고 인정해야 합니다. 공부만을 강조하는 문화는 분명 문제가 있습니다. 공부 아니고도 성공할 수 있는 길은 얼마든지 있습니다. 우리나라 역대 대통령인 김대중 대통령도 대학을 졸업하지 않았습니다. 하지만 대학을 나오지 않고도 대통령이 되지 않았습니까. 우리도 공부 말고도 자신의 취미와 특기를 살려서 무엇이든 될 수 있습니다. 모든 학생에게 공부만을 강요하는 것은 안 됩니다. 학생들의 개성을 무시하는 일이니까요. 백 명의 학생이 백 가지 길을 찾아갈 수 있도록 도와줘야 합니다.

부모님들은 묻지도 따지지도 않고 공부만 강요하니 너무 짜증이 납니다. 기분이 좋아야 공부도 잘할 것 아닙니까. 협박에 의해서 마지못해 하는 공부가 기억에 얼마나 남을까요. 부모님과 사회의 시선 때문에 억지로 하는 공부가 도움이 될 리 없습니다. 부모님들도 그렇게 공부를 잘하지 않은 것 같은데 왜 우리 마음을 이해 못 할까요. 공부를 잘했다면 부자가 되었을 텐데요. 그러지도 못하고 너무나도 평범하게 살고 있잖아요. 자기도 공부를 못했으면서 우리에게 강요하지는 않았으면 좋겠습니다. 우리는 부모님의 못 이룬 소원을 이뤄주는 대체제가 아니니까요.

이 밖에도 공부를 하지 않아도 될 많은 이유가 있을 것입니다. 각자가 가장 좋아하는 일을 찾아서 그 부분을 활성화해야 합니다. 그 부분으로 자신만의 독창적인 능력을 키워나가야겠습니다. 공부 말고도 다른 많은 다양한 길이 있다는 것을 안다면, 사회가 공부만 강요하지는 않을 테니까요. 각자 공부보다 더 잘할 수 있는 것을 찾아서 노력해봅시다.

💬 질문에 대답해보세요.

1. 이 글에서 사용된 비논리적 논증의 방법은 무엇인가요?

☞

2. 어떤 문장에서 어떻게 사용되었나요?

☞

3. 비논리적 논증을 논리적 논증으로 바꾼다면 어떻게 바꿀
   수 있을까요?

☞

말이 되기는 해?

논리적 논증과 비논리적 논증을 구분해보았습니다. 실제 사고에서 도움을 받기 위해서는 다음과 같은 요소들을 고려할 수 있습니다. 논증이 논리적이고 일관되고 모순이 없어야 합니다. 주장과 전제 간에 상충하는 부분이 없어야 합니다. 논증은 하나 이상의 전제들을 기반으로 합니다. 만약 전제가 틀린 정보나 잘못된 논리에 따른다면 논증의 타당성이 약해질 수밖에 없겠지요. 논증은 주장을 논리적으로 지지하는 형식을 가져야 합니다. 일반화 형식을 사용하거나 조건부 추론 형식을 사용하는 것처럼 논리적인 구조를 갖추고 있어야 해요. 충분한 연구와 신뢰할 만한 출처, 통계적 데이터를 사용해서 논증을 뒷받침해야 합니다. 반대 의견이나 다른 설명에 대해서 충분히 대응할 수 있습니다. 이러한 요소를 종합적으로 판단해서 논증의 타당성을 판단할 수 있습니다. 예시로 확인해보겠습니다.

주장: 모든 사람은 공부를 열심히 하면 좋은 성적을 얻을 수 있다.

전제 1: 공부를 열심히 하는 사람은 노력의 보상으로 좋은 성적을 얻을 수 있다. (일반적으로 알려진 사실)

전제 2: 모든 사람은 공부를 열심히 할 수 있다. (사람들은 노력을 기울일 수 있는 능력을 가지고 있다)

결론: 따라서 모든 사람은 공부를 열심히 하면 좋은 성적을 얻을 수 있다.

이 논증은 논리적으로 일관성이 있으며, 전제들도 타당한 것으로 보입니다. 전제 1은 노력과 보상 사이의 일반적인 관계를 언급하고 있지요. 전제 2는 사람들이 노력할 수 있는 능력을 갖고 있다는 일반적인 가정을 내포하고 있습니다. 따라서 이 논증은 타당성이 높다고 할 수 있습니다.

주장: 오늘은 비가 온다. 그래서 내일도 비가 올 것이다.

전제: 오늘 비가 온다는 기상예보가 있었다. (신뢰할 수 있는 출처인 기상예보를 가리킴)

결론: 그래서 내일도 비가 올 것이다.

이 논증은 논리적인 구조를 갖추고 있지 않습니다. 비가 오는 날씨는 매일 달라질 수 있습니다. 오늘과 내일의 날씨는 독립적인 사건이기 때문입니다. 오늘 비가 온다는 사실에 근거하여 내일도 비가 올 것이라는 결론을 내리는 것은 논리적으로 타당하지 않습니다. 이러한 논증은 일반화를 잘못 사용하거나 원인과 결과 사이의 인과관계를 올바르게 해석하지 못한 것으로 판단됩니다. 비논리적 논증은 논리적인 구조나 근거에 기반하지 않고 주로 감정, 개인적인 믿음, 편견 등으로 이끌어지는 논증입니다.

주장: 나는 지난주에 로또를 사지 않았는데, 그래서 이번 주에는 반드시 로또에 당첨될 것이다.

전제: 지난주에 로또를 사지 않았다. 그래서 로또에 당첨되지 않았다.

결론: 이번 주에 로또를 사면 반드시 당첨될 것이다.

이 논증은 비논리적입니다. 개인적인 경험을 통해서 이번 주에 로또를 사면 반드시 당첨될 것이라고 단정하는 것은 논리적 근거나 일반적 원리와 관련 없습니다. 로또는 운이 관여하는 확률 게임이지요. 이번 주에 로또를 사는 것과 그 당첨 여부 사이에는 아무런 상관관계가 없습니다. 따라서 이 논증은 타당하지 않습니다.

주장: 이 영화는 많은 사람이 좋아한다.
전제: 다수의 사람이 좋아한다면 나도 좋아할 것이다.
결론: 이 영화는 나에게도 반드시 재미가 있을 것이다.

이 논증은 비논리적입니다. 다수의 사람이 좋아한다고 해서 반드시 나도 마음에 든다는 것은 개인적 취향과 호소력에 관련된 주장이기 때문입니다. 영화의 매력과 사람들의 취향은 다양하며, 다수의 사람이 좋아한다고 해서 자신도 반드시 마음에 들어야 한다는 근거는 부족합니다. 따라서 이 논증은 타당하지 않습니다.

이러한 예시들을 통해 논리적 논증과 비논리적 논증의 차이를 생각해봤는데요. 구분할 수 있겠나요. 비논리적 논증은 주로 개인적 경험, 일반적 원리와 관련성이 없거나 취향과 호소력에 의존하는 주장들을 포함한다는 것을 알 수 있습니다.

• 비판적 사고력 연습 •

한자로 사람을 뜻하는 인(人) 자를 본 적이 있나요. 사람은 서로가 서로에게 의지하고 힘을 합쳐야 한다는 뜻인데요. 협력은 사회적인 상호의존과 발전을 위해서 반드시 필요한 가치입니다. 사람들은 협력을 통해서 목표를 달성하고 문제를 해결할 수 있습니다. 협력은 다양한 이유로 필요합니다.

우리는 협력 없이 사회적 상호작용을 하기가 힘듭니다. 협력을 통해서 서로의 강점을 보완합니다. 약점은 극복할 수도 있지요. 협력을 통해 지식, 경험, 기술, 자원 등을 공유하여 더 많은 성과를 이룰 수 있습니다. 협력은 복잡한 문제를 해결하는 데도 도움을 줍니다. 여러 사람이 아이디어와 전문성을 결합하여 다양한 관점과 접근법을 활용하도록 돕지요. 다양한 분야에서 협력을 통해 지식을 공유하고 새로운 아이디어를 개발할 수 있습니다. 이로써 더 많은 발전을 이루게 하지요.

협력은 사람들 간의 감정적인 유대감과 연결을 형성합니다. 우리가 서로 도움을 주고받으며 사회적 유대감을 형성하게 합니다. 협력하면서 우리의 삶에 의미가 깊어지고 만족감이 더해집니다. 협력을 통해 더 나은 세상을 만들 수도 있습니다. 협력은 우리의 감정적인 유대감과 연결을 형성해요. 서로가 도움을 주고받으며 소통과 협동을 통해 신뢰와 이해를 증진시킵니다. 협력을 통해 사회적 유대감을 형성하고 함께 성장하게 합니다. 이는 우리의 삶에 의미와 만족감을 더해줍니다.
이렇듯 많은 도움이 되는 협력을 우리는 더 잘해야겠습니다. 나 혼자서만 살 수 없는 세상이잖아요. 그러니 함께 더불어 살아가는 능력을 키우기 위해서 한 번이라도 더 협력해야겠습니다. 협력이 나를 키우고 우리를 성장시키는 힘이 되어줄 테니까요.

질문에 대답해보세요.

1. 이 글에서 논리적 주장을 찾아 적어보세요.

☞

2. 이 글에서 비논리적 주장을 찾아 적어보세요.

☞

3. 논리적 타당성을 구별하기 위해서 어떤 방법을 사용했

나요?

☞

4. 논리적 타당성을 구별하면서 어려웠던 점은 무엇인가요?

☞

다음 글을 읽고 어떤 논증의 방법이 쓰였는지 생각해보세요.

여러분은 먹방 영상을 자주 보나요? 혼자 밥을 먹을 때 먹방을 보면서 먹는 사람들이 많습니다. 실제 자신이 음식을 먹는 것은 아니지만 먹방은 사람들에게 재미와 대리 만족감을 줍니다. 먹방이 건강을 해치고 음식을 낭비하게 한다는 주장과는 반대로 먹방은 여전히 인기가 많습니다. 어른들이 걱정하는 것과 달리 먹방에는 유익한 점이 많은데요. 먹방이 우리에게 어떤 좋은 영향을 미치는지 알아보겠습니다.

먹방에는 오랜 역사와 전통이 있습니다. 사실 요즘 새로 뜬 콘텐츠가 아닙니다. 많은 나라에서 음식을 향한 관심과 즐거움으로 먹방이 있어왔습니다. "먹는 것만 봐도 배가 부르다"는 말은 먹방이 예전부터 있어왔음을 알려주는 말이지요. 또 먹방은 예술적인 표현의 한 형태입니다. 많은 사람이 다양한 음식을 소개하면서 맛과 향을 표현합니다. 이는 보는 사람에게 즐거움과 재미를 선사하지요. 창의성과 예술적인 감각을 키우는 예술 활동인 것입니다. 먹방은 다양한 음식과 문화를 경험하고 이해하는 데 도움을 줍니다. 다른 국가의 음식을 시청자와 공유하면서 다른 문화에 대한 관심과 이해를 높일 수 있습니다. 이는 상호 교류와 문화 다양성을 높이는 데 도움이 되지요. K-푸드라고 해서 우리나라의 음식도 먹방으로 전 세계에 알려졌습니다. 세계인들이 우리나라에 관심을 갖는 데 먹방이 큰 도움이 된 것이지요.

먹방은 재미와 유희를 제공합니다. 음식을 먹는 과정을 관찰하고 반응을 보며 대리 만족을 느낍니다. 스트레스를 풀고 일상생활에서 즐거움을 찾는 기회가 되지요. 시청자와 방송하는 사람 사이의 공감 형성에도 도움이 됩니다. 시청자는 음식을 먹는 모습과 반응을 보면서 자신의 경험을 기억합니다. 소통과 상호작용을 촉진시킵니다. 사회적 관계를 넓혀가는 데도 도움이 됩니다.

먹방은 경제적으로도 영향을 미칩니다. 광고 및 협찬을 통해서 수익을 창출합니다. 이는 영상 제작자에게 경제적인 기회를 제공하고 일자리를 줍니다. 지역 경제를 활성화하는 데도 도움이 되지요. 시청자들에게 영양 교육을 시켜주기도 합니다. 골고루 먹는 음식이 얼마나 가치로운지 알려주잖아요. 균형 잡힌 식단의 중요성도 실명합니다. 이렇듯 소셜미디어를 통한 먹방에는 긍정적인 영향력이 있습니다. 먹방 커뮤니티를 통해 사회적 연결성이 증진되고 상호작용이 촉진됩니다. 즐거운 분위기를 만드는 먹방은 계속되어야 합니다.

논증의 방법	
논리적 논증 예시	
비논리적 논증 예시	
비논리적 논증을 논리적 논증으로 변환하기	

8장

제대로 판단해볼까?

원리와 개별 상황 짝 맞추기

연역법은 보편적인 사실이나 원리를 전제로 개별적인 특수한 사실이나 원리를 결론으로 이끌어내는 추리 방법입니다. 이미 알고 있는 판단을 근거로 새로운 판단을 유도하는 것이지요. 이미 참으로 인정된 법칙과 이론을 근거로 어떠한 현상에 대한 설명과 예측을 도출합니다. 연역법은 삼단논법이 대표적인 형식입니다.

삼단논법은 논리적인 추론을 표현하는 데 사용되는 기본적인 논증 형식입니다. 삼단논법은 세 가지 명제로 구성되어 있습니다. 이 세 명제가 얼마나 논리적으로 관계를 맺느냐에 따라서 논리성이 결정됩니다. 삼단논법은 다음과 같은 세 가지 구조로 이루어져요.

대전제: 일반적인 규칙이나 원칙을 나타내는 명제

소전제: 특정한 사례나 사실을 기술하는 명제

결론: 대전제와 소전제를 통해 논리적으로 유추되는 명제

예를 들어볼까요.

대전제: 모든 사람은 죽는다. (일반적 규칙)

소전제: 나는 사람이다. (특정 사실)

결론: 나는 죽을 것이다.

전제는 논증의 기반이 되는 주장입니다. 논증의 진리 여부를 판단하는 기준이 됩니다. 전제는 참 또는 가정으로 표현됩니다. 중간에 나오는 전제는 논증의 구조를 유지합니다. 결론에 이르는 추론 과정이지요. 이는 전제 문장에 포함된 내용으로 구성됩니다. 결론은 소전제와 관련하여 추론된 전체적인 주장입니다. 전제에서 나온 정보를 바탕으로 새로

운 정보나 주장을 만들어냅니다.

이러한 삼단논법을 잘 활용하기 위해 필요한 것들이 있습니다. 바로 논증의 기반이 되는 전제인데요. 이것이 정확하게 설정되어야 합니다. 예시에서 보면 "모든 사람은 죽는다"는 절대 불변의 이치잖아요. 이런 것을 전제로 삼아야 합니다. "모든 사람은 아프다"가 전제라면 어떨까요. 아프지 않고 사는 사람도 분명 존재하잖아요. 그렇기에 이 문장은 전제가 될 수 없지요. 전제는 현실적이고 참이어야 합니다. 소전제를 포함한 넓은 개념이어야 하지요. 소전제는 어떨까요. 전제와 결론을 아우르면서 논리적으로 문제가 없어야겠지요. 모든 사람이 죽는다고 했는데 갑자기 강아지도 죽는다라는 소전제가 들어간다면 어떨까요. 소전제의 내용이 전제에 포함되지 않지요. 그러면 올바른 결론을 낼 수 없습니다. 소전제의 내용이 전제 안에 포함되어야 해요. 중간에 "나는 오른손이 있다"는 내용이 들어가도 마찬가지예요. 소전제가 참이긴 하지만 그 내용이 전제와 논리적으로 연결되지 않으니까요. 마지막으로 논리적인 추론에 따라 결론을 도출합니다. 이렇듯 삼단논법에서는 논리적 흐름이 중요합니다. 추론 과정에서 올바른 논리적 규칙을 적용해야 합니다. 일관성과 타당성을 유지해야 논리적 사고의 과정이 완성되지요.

삼단논법은 논리적 사고와 추론 능력을 향상시키는 데 도움이 됩니다. 적절한 예를 통해서 반복 연습할 필요가 있습니다. 다양한 주제와 문맥을 통해 삼단논법을 적용해보면서 논증 구조와 추론 과정을 익혀보세요. 여러분의 비판적 사고력을 기르는 데 도움이 될 것입니다.

• 비판적 사고력 연습 •

수학에서 쓰이는 삼단논법

대전제: 삼각형의 두 밑각의 크기가 같으면 두 변의 길이가 같다.

소전제: 삼각형의 두 변의 길이가 같으면 이등변삼각형이다.

결론: 삼각형의 두 밑각의 크기가 같으면 이등변삼각형이다.

일상생활 속 삼단논법

대전제: 모든 사람에게는 심장이 있다.

소전제: 어떤 생물에게는 심장이 없다.

결론: 그 어떤 생물은 사람이 아니다.

대전제: 과일은 먹을 수 있다.

소전제: 사과는 과일이다.

결론: 사과는 먹을 수 있다.

소크라테스의 삼단논법

대전제: 인간은 모두 죽는다.

소전제: 소크라테스는 인간이다.

결론: 소크라테스는 죽는다.

⬛ 질문에 대답해보세요.

1. 위의 삼단논법을 예시로 삼아 삼단논법을 만들어보세요.

☞

☞

☞

☞

☞

개별 사실에서 원리 찾기

    귀납법은 개별적인 특수한 사실이나 원리로부터 일반적이고 보편적인 명제 및 법칙을 유도해내는 것입니다. 명제 없이 추론을 먼저 하고 마지막에 타당성을 검토하는 방식입니다. 전제가 결론을 개연적으로 뒷받침합니다. 중심 내용이나 주제, 결론이 끝에 나옵니다. 개개의 구체적인 사실이나 현상에 대한 관찰을 통해서 전체에 대한 일반적인 인식을 이끌어냅니다. 인간의 다양한 경험이나 실천, 실험 등을 모아서 결과를 일반화하는 방식이지요. 관찰, 경험, 실험 결과를 바탕으로 합니다. 사실적인 지식을 확장할 수는 있지만 전제가 결론을 반드시 논리적으로 설명하지 못할 수도 있습니다. 확률적 추론일 뿐 결론이 항상 참임을 보장하지는 않는다는 뜻입니다.

주제를 선정하고 관찰한 다음 정리해서 결론을 내리는 순서입니다. 귀납법은 실제 사례나 관찰 결과에서 시작합니다. 일련의 개별사례 또는 패턴에 대해 관찰을 하는 것이지요. 여러 사례의 관찰을 통해 특정한 경험적 사실을 얻습니다. 이를 기반으로 패턴을 유추합니다. 관찰된 사례의 공통적인 패턴이 무엇인지 탐색하고 분석해요. 일반화된 규칙이나 패턴을 찾았으면 그를 바탕으로 새로운 사례나 상황에 대해서도 결론을 내려보는 방법입니다. 결론은 일반적인 규칙이나 패턴이 적용될 가능성이 있는 것입니다.

관찰: 지금까지 관찰한 사과는 모두 빨간색이었다.
일반화: 모든 사과는 빨간색이다.

이런 방식입니다. 이 예시에서는 관찰 결과로부터 일반적인 결론을 도출하고 있습니다. 과거의 관찰에서 모든 사과가 빨간색이라는 패턴을 발견했지요. 이를 바탕으로 모든 사과가 빨간색이라고 일반화한 것입니다. 이것이 귀납법입니다.

하지만 이 예시는 귀납법의 한계를 보여줍니다. 모든 사과가 빨간색이라는 결론은 항상 참은 아닙니다. 다른 지역에서 자라는 사과들은 녹색이거나 다른 색일 수 있습니다. 또한 미래의 관찰 결과에 의해 새로운 패턴이 발견될 수도 있지요. 이렇듯 귀납법은 상대적으로 확률적인 결론을 도출하는 데 사용되지만 절대적인 참을 보장할 수는 없습니다.

귀납법은 개별 사례에서 일반적인 패턴이나 규칙을 도출하기 위해 사용되는 논리적 추론 방법입니다. 그러나 일반화된 결론이 항상 참인지 확인이 필요할 수 있습니다. 그래서 귀납법을 사용할 때는 각별히 조심해야 합니다. 다음의 귀납법 사례를 살펴봅시다.

관찰: 여러 사람이 돈을 벌어서 성공적인 삶을 살고 있다.

패턴 탐지: 관찰한 사례들에서 돈을 벌어서 성공적인 삶을 살고 있는 사람들이 많았음을 알았다. 돈을 벌면 생활 수준이 향상되고 경제적 안정이 도래한다는 패턴이 보인다.

일반화: 돈을 벌어야 성공적인 삶을 살 수 있다. 다수의 사례에서 돈을 벌고 있는 사람들의 삶의 질이 향상되고, 자유롭고 안

> 정적인 경제적 상황을 즐기는 것을 관찰할 수 있었다.
>
> 결론: 따라서 돈을 벌어야 하는 이유는 성공적인 삶을 살기 위
> 해서다. 돈을 벌면 경제적인 안정과 자유, 더 나은 생활 수준을
> 즐길 수 있다.

이 추론에 대해 대부분 사람이 동의할 것입니다. 하지만 진짜로 돈을 버는 것이 경제적인 안정과 자유, 더 나은 생활 수준을 보장해서 성공적인 삶으로 이끄는지는 확신할 수 없지요. 아닐 수도 있습니다. 이런 귀납법의 오류를 흔히 칠면조의 역설이라 부릅니다.

매일 일정한 시간에 칠면조에게 먹이를 주고 특정한 날에 잡아먹습니다. 칠면조 입장에서는 매일 반복되는 일정한 시간에 먹이가 오잖아요. 마지막 날에도 먹이를 주지만 사실은 잡아먹히는 결론에 이릅니다. 이렇듯 귀납법을 사용할 때 오류가 발생하지 않도록 검증을 반드시 해야 합니다.

어떤 직업이 좋은 직업일까요. 연역법을 이용해서 생각을 정리해보겠습니다.

우선 직업의 가치에 대해 생각해봅시다. 직업은 사람들의 일상생활과 더불어 존재하며, 그 가치는 매우 중요합니다. 좋은 직업은 사회적으로 존경받고, 안정적인 수입을 보장해주지요. 안정적인 수입을 보장하는 직업이 좋은 직업입니다. 안정적인 수입은 삶의 질을 유지할 수 있는 중요한 요소 중 하나죠. 좋은 직업은 안정적인 수입을 보장하며, 경제적인 안정을 유지할 수 있도록 도와줍니다. 사회적으로 존경받는 직업이 좋은 직업입니다. 사회적으로 존경받는 직업은 자신의 능력과 인격을 인정받는 것입니다. 좋은 직업은 사회적으로 존경받는 직업으로, 자신의 역량을 인정받는 기회를 제공합니다. 따라서 안정적인 수입을 보장하면서 사회적으로 존경받는 직업이 좋은 직업입니다. 안정적인 수입과 사회적 존경도 모두 중요하며, 두 가지를 모두 갖춘 직업이 좋은 직업으로 인정될 수 있습니다.

귀납법을 사용해서 좋은 직업을 생각해볼까요. 대다수의 사람이 좋아하는 직업은 보통 좋은 직업이라고 여겨집니다. 대다수의 사람이 좋아하는 직업은 보통 인기가 많으며, 경쟁이 치열한 직업일 가능성이 높습니다. 경쟁이 치열한 직업에서는 높은 급여와 좋은 복지를 제공하려고 노력하는 경우가 많습니다. 좋은 급여와 복지를 받으면 경제적 안정과 개인적 만족도가 높아집니다. 따라서 대다수의 사람이 좋아하고, 경쟁이 치열하며, 좋은 급여와 복지를 제공하는 직업은 좋은 직업이라고 할 수 있습니다.

☞ 질문에 대답해보세요.

1. 연역법 주장의 과정을 세 줄로 정리해보세요.

☞

2. 귀납법 주장의 과정을 세 줄로 정리해보세요.

☞

3. 둘 중 어떤 주장에 더 믿음이 가나요? 이유는 무엇인가요?

☞

4. 내가 주장하는 글을 썼다면 어떤 내용으로 쓸 수 있을지 정리해보세요.

☞

┃ 귀납법과 연역법을 활용해서 자신의 주장을 펼쳐보세요.

귀납법 주제	
연역법 주제	

9장

유사 개념을 구분하자

비판과 헷갈리는 긍정 표현

비판적 사고에 대해 생각하면서 다뤄야 할 개념들이 있습니다. 비판과 유사한 개념들인데요. 비판인 것처럼 오해하여 사용하는 일이 많은 개념들입니다. 이런 개념들과 혼동해서 사용하면 제대로 된 비판을 하기가 힘듭니다. 지금부터는 유사한 긍정 개념과 부정 개념을 살펴보죠. 유사한 개념들을 익혀가다 보면 비판적 사고에 대한 확실한 개념이 자리 잡을 것입니다.

비판적 사고와 유사한 개념으로 찬양이 있습니다. 어떤 것을 분석하고 평가하여 개선책을 제시하는 것이 비판입니다. "너의 주장은 조금 더 객관적인 자료를 통한 근거 제시가 필요해"라고 할 경우 비판입니다. 그런데 어떤 것을 칭찬하거나 긍정적으로 평가하는 찬양과 혼동하여 쓰기도 합니다. 비판이 날카롭고 상대에게 상처를 준다는 생각 때문입니다. 부드럽고 순화된 표현으로만 구성하다 보면 이런 실수를 저지르게 되는데요. 예를 들면 "너의 발표는 설득력이 있고 훌륭했어"와 같은 경우입니다. 비판이 주로 문제점이나 개선점을 찾아내어 건설적 대안을 제시하는 것에 비해, 찬양은 주로 좋은 점이나 강점을 칭찬할 때 사용합니다. 상대방의 성과나 장점을 인정하고 긍정적인 평가를 하는 것이지요. 둘의 차이를 알겠나요. 비판과 찬양은 시작이 다릅니다. 이 두 표현을 혼동하지 않아야 합니다.

격려도 있습니다. 격려는 상대방을 응원하는 것입니다. "너의 발표는 좋았어. 자신 있게 발표하는 모습이 멋졌어. 잘했어"와 같은 경우입니다. 상대방의 성과나 노력을 인정하고 긍정적인 메시지나 응원을 보내는 것입니다. 혹은 "너의 발표는 재미있었어. 네가 함께한다면 좋은 결과를 얻을 수 있을 거 같아"라는 표현은 어떤가요. 이것은 지지에 해당합니다. 상대방의 주장이나 행동에 대해 긍정적인 평가와 동의를 표하는 것입니다. 지지는 함께 협력하고 일하면서 사용할 수 있는 방법입니다. 인정도 이와 비슷하지요. "너의 발표는 정말 훌륭해. 표현이 매끄럽고 문맥 구성이 참 좋았어." 이런 표현이 해당됩니다. 상대방의 성과나 장점, 노력을 인정하는 것이지요. 상대방에게 존경과 감사의 뜻으로 쓰입니다.

이렇게 비판과 비슷한 긍정 개념들이 있습니다. 혼동해서 사용하기 정말 쉬운 개념들입니다. 비판을 하면 상대에게 상처를 준다고 생각하는 사람들이 긍정 개념을 사용하는 경우가 많습니다. 하지만 일방적으로 좋은 점만 인정하고 칭찬한다면 어떨까요. 부족한 점을 찾고 발전시킬 수 없습니다. 비판은 상처를 부르는 표현이 아닙니다. 더 나은 발전을 위하여 자신을 점검할 수 있는 기회를 주는 것입니다. 객관적이고 논리적인 판단이지 공격이 아닙니다. 이를 이해해야 너무 긍정적인 표현으로 순화해서 비판의 기회를 놓치는 우를 피할 수 있습니다. 발전을 위해서는 때론 쓴소리도 필요한 법입니다. 이 긍정 개념들과 비판을 혼동하지 말고 잘 사용해서 발전의 기회로 삼아야겠습니다. 자, 그럼 긍정 개념들을 구분하면서 다시 익혀볼까요.

다음 문장을 읽고 해당하는 표현에 동그라미 해보세요.

"너의 글은 구조가 약해서 이해하기 어려워. 구성을 개선하는 게 좋을 것 같아." (비판, 찬양, 격려, 지지, 인정)

"너의 글은 아이디어와 문체가 훌륭해. 독특하고 재미있어서 계속 읽고 싶었어." (비판, 찬양, 격려, 지지, 인정)

"너의 프레젠테이션은 잘 준비되어 있고 전달력이 좋아. 수고한 점을 인정하고 싶어." (비판, 찬양, 격려, 지지, 인정)

"너의 프레젠테이션은 정보 전달이 부족해. 내용을 보완하고 구조를 개선해야 할 것 같아." (비판, 찬양, 격려, 지지, 인정)

"너의 의견은 일부 측면에서 부족한 점이 있어. 조금 더 근거를 강화해야 할 것 같아." (비판, 찬양, 격려, 지지, 인정)

"너의 의견은 매우 타당하고 현명해. 이 문제에 대한 해결책으로서 많은 가치를 가지고 있어." (비판, 찬양, 격려, 지지, 인정)

"너의 노래는 음정이 맞지 않아서 더 신경 써야 해." (비판, 찬양,

격려, 지지, 인정)

"너의 노래는 표현력이 좋아. 더 많이 연습하면 더욱 멋진 무대
를 보여줄 수 있을 거야." (비판, 찬양, 격려, 지지, 인정)

잘 구별할 수 있겠나요? 쉽지 않을 거예요. 그만큼 우리
가 일상생활에서도 혼동해서 사용하기 쉬운 표현들이랍니
다. 비판적 사고를 하면서 이런 개념들과 비판을 구분해서
사용할 수 있도록 연습해보세요. 비판적 사고능력을 기르는
데 도움이 될 것입니다.

• 비판적 사고력 연습 •

오늘은 조별 과제 발표가 있는 날입니다. 모두 열심히 과제를 준비했습
니다. 지민이는 과제를 위해 자료 조사를 했습니다. 인터넷에서 자료를
찾았고 주변 사람에게 조언도 구했지요. 교과서를 바탕으로 어떤 자료
조사가 필요한지를 찾은 것도 지민이입니다. 다니엘은 지민이가 조사한

자료를 바탕으로 정리를 했습니다. 필요한 것과 필요하지 않은 것을 구분했지요. 은하는 지민이가 정리한 자료를 파워포인트로 만들었습니다. 친구들이 보기 쉽도록 쇼도 넣고 그림으로 예쁘게 꾸몄지요. 발표는 민진이의 몫이었습니다. 친구들이 모두 애써 준비한 발표자료를 멋지게 발표하고 싶었지요.

하지만 민진이의 바람과 다르게 발표는 흘러갔습니다. 왜냐하면 첫 번째 조 발표부터 너무 발표자료가 좋았기 때문입니다. 첫 번째 조는 자료가 정말 풍부했습니다. 어디서 저런 자료를 찾았나 싶을 정도였습니다. 다양한 실험 결과와 자료들이 발표를 빛냈습니다. 두 번째 조는 자료를 정말 보기 좋게 정리했더군요. 일목요연하게 표로 나타낸 자료였습니다. 한눈에 보기에도 주제를 잘 정리했습니다. 세 번째 조는 또 어떻게요. 파워포인트 자료가 정말 한눈에 다 들어왔습니다. 스티브 잡스의 발표자료가 무색할 정도였지요. 미연이네 조는 마지막 발표였습니다.

앞에서 발표한 친구들의 발표를 보면서 미연이는 점점 자신감을 잃었습니다. 자신들이 준비한 것보다 훨씬 훌륭한 자료에 기가 죽었지요. 조원들 모두 그걸 느끼고 있었습니다. 하지만 그렇다고 발표를 안 할 수도 없습니다. 친구들은 모두 미연이가 제발 그 어느 누구보다 발표를 잘해주기를 바라는 수밖에 없었지요. 미연이는 떨리는 마음으로 무대에 올라갔습니다. 그리고 깊은 숨을 쉬었지요. 아이들이 모두 미연이를 바라보고 있으니 무척 떨렸습니다. 기가 죽고 떨리기도 하니 정신이 아득해졌습니다. 하지만 자신을 바라보고 있는 조원들의 모습을 보며 용기를 냈습니다. 남과 비교하지 않고 자신들이 준비한 것을 성실하게 발표하는 것만으로도 의미가 있다고 생각했지요. 미연이는 떨리는 마음을 부여잡고 무대에 올라 말했습니다.

"앞의 조에서 발표를 잘해줘서 긴장이 됩니다. 우리 자료가 앞의 자료보다 부족할지는 모르겠지만 열심히 준비한 것을 발표하겠습니다. 잘 들어주세요."

미연이는 떨리면서도 당찬 목소리로 발표를 시작했습니다. 미연이의 솔직한 심정 덕분인지 친구들은 그 어떤 발표보다 집중했지요. 미연이의 발표가 끝난 후 조원들은 미연이에게 다가가 말을 건넸습니다.

"미연아. 너의 발표는 (   )"

❓ 질문에 대답해보세요.

1. 미연이의 발표에 대해 찬양하는 말을 적어보세요.

☞ _____

2. 미연이의 발표를 지지하는 표현을 적어보세요.

☞ _____

3. 미연이의 발표를 격려하는 표현을 적어보세요.

4. 미연이를 인정하는 표현을 적어보세요.

☞

5. 미연이의 발표에 대해 비판하는 표현을 적어보세요.

☞

비판과 헷갈리는 부정 표현

　비판과 비슷하지만 부정의 뜻으로 혼동하여 사용하는 개념들도 있습니다. 비판은 어떤 것을 분석하고 평가합니다. 그때 장단점을 포함한 객관적 의견을 제시합니다. 보다 분석적이고 객관적인 입장에서 평가하고 분석해요. 특정 행동이나 작품, 정책 등을 분석하여 강조하거나 개선점을 제시하는 경우가 많습니다. "그의 발표는 보다 구체적인 자료를 제시할 필요가 있어. 하지만 자료의 구성은 치밀했고 체계적이었어"와 같이 말이지요. 그런데 이런 비판과는 달리 부정적인 평가나 비판적인 표현이 있습니다. 바로 비난이 그것입니다. 비난은 강한 어조나 감정을 담아서 표현합니다.

비판적인 시각을 강조한다면서 비난을 하는 경우가 있습니다. 예를 들어 "그의 과제는 너무 시시했어. 평가할 가치도 없어"와 같은 것입니다. 험담도 이와 비슷합니다. "저 사람은 원래 준비를 잘 안 해. 이번에도 불성실하게 준비했을 거야"라는 표현이지요. 험담은 주로 비밀스럽게 혹은 악의적으로 상대방을 비난합니다. 실제로 다른 정보나 조작된 내용을 퍼트리기도 하지요. 상대방의 명예를 훼손하거나 피해를 주기도 합니다. 이와 비슷하게 비하 표현도 있습니다. 어떤 것을 모욕하거나 조롱하는 것이지요. 상대방을 비하하거나 모욕하려는 의도로 쓰입니다. 상대를 불쾌하게 만들기 위해 쓰는 표현입니다. 비판과 달리 건설적인 목표가 없습니다. "그 발표는 쓰레기야. 들을 가치도 없어"와 같은 표현이 해당됩니다.

부정 개념에서 조금 더 순화된 표현도 있습니다. 바로 조언인데요. 상대방의 행동을 개선하거나 원하는 목표에 도달하기 위한 방향을 제시하는 것입니다. 주로 긍정적인 방식으로 다른 관점이나 해결책을 제시하지요. 상대방을 지원하고 격려하기 위해 쓰이는 표현인데요. "발표를 더 잘할 수 있는 방법이 있어요." 이런 표현입니다. 주로 경험과 지식을 바탕으로 합니다. 다른 사람의 잠재력을 인정하고 발전시키는 것을 목표로 합니다. 비판은 주로 부정적인 영향을 미치며 상처를 줍니다. 조언은 존중과 성장을 촉진합니다. 잠재력 실현에 도움을 주는 표현법이지요. 비평도 있습니다. 비평은 주로 작품이나 행동, 정책에 쓰입니다. 보다 분석적이고 객관적인 입장에서 주체적인 견해와 판단을 보여주는 겁니다. "그 발표는 기획이나 시도는 좋았어. 다만 자료의 객관성이 낮아." 비평은 작품이나 행동을 평가하면서 중립적인 부분을 강조합니다. 하지만 비판은 주로 실수나 결함, 부족한 점을 지적하며 개선이 필요한 부분을 강조합니다. 문제 해결이나 발전을 위해 사용되지요. 실제 상황이나 개인이나 행동에 대한 평가를 포함합니다.

　비슷한 듯 다른 개념들이 많이 존재합니다. 혼동해서 사용하기 쉽습니다. 하지만 제대로 된 비판적 사고를 기르기 위해서는 이를 구분할 줄 알아야 합니다. 이 역시 연습을 통해서 개념을 익혀보도록 하지요.

다음 문장을 읽고 해당하는 표현에 동그라미 해보세요.

"너의 작품은 잠재력이 있어. 하지만 몇 가지 개선 사항이 필요해. 스토리를 더욱 강화하고 캐릭터들에게 더 깊이를 부여해봐. 계속해서 발전해나갈 수 있을 거야."
(비판, 비난, 조언, 험담, 비평, 비하)

"이 작품은 너무 형편없어! 사람이 어떻게 이런 작품을 만들어?"
(비판, 비난, 조언, 험담, 비평, 비하)

"네 작품은 강렬한 순간들이 필요해. 하나도 재미없어."
(비판, 비난, 조언, 험담, 비평, 비하)

"네 작품은 아직 부족해. 내가 보기엔 좀 더 센 캐릭터가 필요해. 그렇게 하면 더욱 강력한 작품을 만들 수 있을 거야."
(비판, 비난, 조언, 험담, 비평, 비하)

"이것밖에 못 그리니. 이건 누구라도 그릴 수 있는 수준이잖아."
(비판, 비난, 조언, 험담, 비평, 비하)

이것 또한 구분하기가 쉽지 않을 거예요. 그렇지만 이 개넘을 정확하게 인식하고 연습할 때 좀 더 나은 방식의 건전한 비판을 할 수 있답니다. 이 개념들을 하나하나 살펴보면서 어떻게 다른지 익히는 연습을 꼭 해보세요.

• 비판적 사고력 연습 •

지호는 그림 그리기를 무척 좋아합니다. 지호는 매일 쉬는 시간마다 그림을 그립니다. 시간만 나면 그림을 그리지요. 그런데 그런 지호의 그림은 늘 환영받는 존재가 아닙니다. 지호의 그림이 굉장히 독특하거든요. 그림 그리기를 좋아하는 친구들이 흔히 그리는 그림체가 아닙니다. 만화나 웹툰에서 본 것 같은 그림과는 다릅니다. 뭔가 미묘하면서도 무엇을 그렸는지 알아볼 수가 없습니다. 처음에는 지호가 그림 그리는 모습에 관심을 갖던 친구들이 하나둘 점점 흥미를 잃어갔습니다. 알 수 없는 그림을 보고 어떻게 반응해야 할지 몰랐기 때문이지요. 그래서 지호는 정말 존재감 없이 그림만 그렸습니다.

그런데 어느 날 학교에 예술 전문가가 방문하였습니다. 강의를 위해 방문한 전문가는 우연히 지호의 그림을 보게 됩니다. 그런데 예술가 지호의 작품을 보고 깜짝 놀랍니다. 이렇게나 독창적이고 창의적인 작품을 본 적이 없다는 겁니다. 이건 현대 회화계에 한 획을 그을 정도로 훌륭한 작품이라 했습니다. 이를 지켜본 친구들은 기가 막혔지요. 전혀 이해할 수도 없는 그림을 보고 칭찬하는 모습이 전혀 이해되지 않았습니다. 현대미술이라는 것이 무엇인지 잘은 모르지만 대중이 이해하지 못하는 것은 아닐 거라는 생각이 들었습니다. 계속해서 지호의 그림을 칭찬하는 모습을 보며 친구들은 점점 기분이 나빠졌습니다. 그래서 이제까지 관심 가지지 않던 지호의 그림에 대해 한마디씩 평가를 내놓기 시작했지요. 친구들은 말했습니다.

"지호야, 네 그림은 (   )"

❓ 질문에 대답해보세요.

1. 지호의 그림에 대해 비판의 말을 한다면 어떻게 할까?

☞

2. 지호의 그림에 대해 비난의 말을 한다면 어떻게 할까?

☞

3. 지호의 그림에 대해 조언의 말을 해준다면?

☞

4. 지호의 그림에 대해 험담의 말을 한다면 어떻게 할까?

☞

5. 지호의 그림에 대해 비평의 말을 어떻게 할까?

☞

6. 지호의 그림에 대해 비하의 말을 한다면 어떻게 할까?

☞

다음 글을 읽고 제니에게 할 수 있는 각각의 표현을 만들 어보세요.

제니는 학교에서 유명한 인물입니다. 항상 공부를 열심히 하는 노력파니까요. 그런 친구들은 많지만 그중에서 제니가 특별한 이유는 따로 있습니다. 제니는 다른 친구들과 조금 다른 모습으로 노력합니다. 제니는 학교에서 가장 뛰어난 성적을 가진 친구입니다. 그래서 모르는 부분을 제니에게 묻는 친구들이 많습니다. 그러면 다른 친구들과 다르게 제니는 아무 말도 하지 않습니다. 바쁘다거나 잘 모르겠다는 대답을 하지 않아요. 그냥 친구를 쓱 훑어보고는 자기 일을 계속합니다. 그래서 제니를 싫어하는 친구들이 많았습니다.

그러나 수업 시간에는 전혀 다른 모습을 보였습니다. 모둠 활동에서는 자기 혼자 과제를 다 준비할 정도로 열심이었습니다. 같이 하는 친구들이 무임승차라고 느낄 정도였지요. 제니와 함께 모둠을 하면 가장 높은 점수를 받았습니다. 그래서 제니와 함께 모둠을 하는 친구들이 많았지요. 누구보다 자신이 해야 할 역할을 성실하게 해내는 게 제니였습니다. 물론 다른 친구들에게 친절하지 않았고 자기 시간을 내주지 않았지만요. 그런 부분을 싫어하는 친구도, 동경하는 아이들도 있었지요.

어느 날 학교에서 특별한 시상식이 준비되었습니다. 주인공은 여러 가지 상을 받게 되고 학교의 명예를 드높입니다. 여기저기서 친구들이 추천을 합니다. 거기에 제니 이름도 있었습니다. 누구보다 조원들에게 도움이 되고 모둠 활동을 열심히 했다고요. 자기 분량을 성실하게 준비했고 친구들의 내용까지 도왔다는 추천사가 있었습니다. 하지만 이와 반대로 제니가 추천에서 제외되어야 한다는 친구들도 많았습니다. 공부벌레이고 성실하긴 하지만 자기만 생각한다고요. 자기 시간을 내어서 친구를 도와주기는커녕 친구들을 무시한다는 의견도 있었습니다.

선생님들은 이런 여러 가지 의견을 참고해서 제니에게 상을 줄지를 정해야 했습니다. 그래서 친구들이 제니에 대해 쏟아내는 말들을 듣고 의견을 묻기로 하였지요.

비판	
찬양	
지지	
격려	
인정	
비난	
조언	
비평	
비하	
험담	

10장

문제 해결!

문제 상황을 딱 하나로 정리해

비판적 사고의 마지막 단계에 도착했습니다. 이제까지 연습했던 비판적 사고의 과정을 정리해봅시다. 그 과정들을 성실하게 연습했다면 진짜 문제 상황에서 연습을 해봐야겠지요. 문제 상황에서 총제적으로 비판적 사고력을 발휘하여 문제를 해결할 수 있어야 하니까요. 지금부터 연습할 것은 문제 상황에서 실제적으로 어떻게 비판적 사고를 발휘할지입니다. 그 첫 번째 과정이 바로 문제 상황의 총체적 정리입니다. 문제 상황의 총체적 정리는 문제를 분석하고 이해하는 과정에서 도움이 되는 방법입니다. 문제 상황을 맞이하게 되면 어떻게 문제를 정리해야 할까요.

우선 문제 상황의 배경을 이해해야 합니다. 관련된 정보나 사건들을 조사하세요. 문제의 원인과 영향을 파악합니다. 다음으로 문제 상황에서 가장 중요한 요소를 생각해냅니다. 이해해야 할 개념이나 관련 이해관계자, 주요 변수들을 알아봅니다. 문제 상황에서 요소들 간의 관계도 파악합니다. 어떤 요소들이 서로 영향을 주고받는지 말이지요. 어떤 변수가 원인이 되어 결과를 초래하는지를 분석해야 해요. 그러고 나서 문제의 핵심 질문을 정리합니다. 이 문제가 어떤 영향을 미치는지를 파악하고 가능한 해결 방안을 찾아야지요. 다양한 시나리오나 대안을 고려해서요. 문제를 해결하기 위한 구체적인 전략을 세웁니다. 필요한 시간이나 리소스, 단계를 고려해서 말이지요. 마지막으로 문제 해결 계획을 실행하며 필요한 수정을 진행합니다. 문제 상황이 변화하거나 예상과 다른 결과가 나올 경우에 대비해야 하니까요. 어렵지요. 예를 들어서 살펴보도록 해요. 다음은 학교 내에서 자살이 증가하는 문제에 대한 총체적 정리의 과정입니다.

배경 이해	학업 성적 하락, 학교폭력, 학생들 간의 갈등 등 문제의 배경 파악, 관련된 정보 조사 및 문제의 근본 원인 파악
핵심요소 도출	학업 관련 요소(교사의 가르침, 학업 부담), 대인 관계 요소(학교폭력, 교우관계), 학교 환경 요소(시설, 교육 방식)
주요 관계 파악	관련 요소 간의 영향력 분석. 학업 부담이 대인관계에 악영향을 미친 경우임. 학교폭력으로 자살이 발생함
정보 수집과 분석	추가 정보 분석, 학교 내부의 데이터 조사, 학생·교사·학부모 인터뷰
핵심 질문 도출	학업 성적 하락의 이유, 대인관계 어려움의 원인, 학교폭력 발생 원인이 학생 심리에 미친 영향에 대한 핵심 질문 도출
영향과 해결 방안 분석	가능한 해결 방안 모색, 학업 성적 개선을 위한 프로그램 도입, 학교폭력 예방법, 자존감 교육 등

비판적 사고를 위해서 정리할 것이 정말 많지요. 너무 어렵게 생각하진 마세요. 단계를 밟아가다 보면 하나하나 생각할 수 있는 대안들이 정리됩니다. 그 연습을 통해서 비판적 사고력도 조금씩 향상될 것입니다.

우리는 왜 공부를 해야 할까요? 학습과 교육이 점점 더 중요해지기 때문입니다. 교육은 개인과 사회의 발전을 위한 필수요소로 인정되고 있지요. 학습은 지식과 기술을 습득해서 성장과 사회적 기여를 위한 기반을 마련해요. 개인의 성장과 진로와 취업 기회, 사회적 경쟁력과 문제 해결력을 길러주고 사회적 책임감도 키워줍니다. 이는 서로 연관되어 영향을 줍니다. 개인적인 성장은 공부를 통해 발전할 수 있는 기반을 마련해요. 이는 진로와 취업 기회를 향상시키지요. 사회적 경쟁력도 키워줍니다. 이는 여러 연구나 인터뷰를 통해서 확인할 수 있는 부분이지요.

그러나 우리는 실제적으로 공부가 어떤 개인적인 성장을 이뤄주는지 와닿지 않습니다. 어떤 진로와 취업 기회와 연결되는지도 확신하지 못하지요. 그래서 실제적으로 공부를 해야 할 이유를 찾지 못하는 경우가 많지요. 그렇다면 실제적으로 우리가 공부를 하면서 이를 체험해보면 어떨까요. 진짜 그런 기회가 오는지 말이에요.

학습 목표를 설정해서 이뤄보고 학습 방법을 선택하고요. 학습 환경을 조성하면서 자기 모니터링과 피드백을 해보는 거예요. 이것이 진짜 자기 성장에 도움이 되는지 확인해보는 것입니다. 계획에 따라 공부를 해보고 진행 상황을 체크하다 보면 느끼는 바가 있을 거예요. 진짜 공부가 나의 성장에 도움이 되는지 말이지요. 그것을 느끼게 된다면 더 나은 학습 효과를 위한 계획도 세울 수 있겠지요. 학습 결과를 분석하고 자기 평가를 수행하는 것이 앞으로의 학습에 도움이 될 것입니다.

어렵습니다. 그러나 실제 경험과 노력을 통해서 한번 체험해보세요.
진짜 공부의 효용성이 있는지 말이지요.

📓 질문에 대답해보세요.

1. 공부를 해야 하는 이유에 대해서 정리해보세요.

배경 이해

☞

핵심요소 도출

☞

주요 관계 파악

☞

정보 수집과 분석

☞

핵심 질문 도출

☞

영향과 해결 방안 분석

☞

해결 계획 수립

☞

찾았다, 해결책!

    수립한 해결 계획에 따라 해결책을 도출해볼까요. 수립된 해결책을 실행하기 위해서는 구체적인 계획이 필요해요. 이 단계에서 목표와 단계, 일정, 자원 등을 고려하여 실행 계획을 세웁니다. 무리하게 계획을 실행하지 않도록 주의해야 해요. 필요한 조치는 무엇인지 살피고요. 리스크가 생길 경우 관리 방안을 생각해둡니다. 그리고 수립한 계획에 따라 해결책을 실행합니다. 이 단계에서는 실제로 문제 해결을 위해 활동합니다. 여럿이 함께 힘을 합하거나 협력해서 일정과 역할을 수행하세요. 필요한 작업을 나눠서 혹은 같이 진행합니다. 이 과정에서 문제가 발생할 수 있어요. 문제는 예상과 다를 수 있습니다. 내부나 외부 요인 무엇에 따라 문제가 생기는지 잘 살펴야겠지요. 생긴 문제에 대하여 신속하게 조치를 취합니다. 문제를 분석하고 원인을 파악하지요. 해결책을 찾기 위한 대응책을 다시 마련합니다. 필요한 조치를 해서 문제를 해결했으면 다시 실행을 계속 진행하면 됩니다.

이제껏 살펴본 바와 같이 비판적 사고는 결코 쉬운 과정이 아닙니다. 논리적으로 계획하고 실행하는 과정이 있어야 하고요. 그 과정에서 수많은 변수가 발생해요. 여러 가지 변수를 수없이 생각해가면서 결과를 생각해내도 문제가 생길 수 있습니다. 그때 다시 돌아보면서 문제를 해결하고 다시 해결 방안을 내놓는 과정이 계속되지요. 때로는 답답할 수도 있을 것입니다. 문제가 해결되기는 할 것인지 의문이 들기도 할 거예요. 그렇지만 그럴수록 이성적이고 논리적으로 사고해야 합니다. 그것이 비판적 사고력을 기르는 가장 중요한 과정이니까요.

주어진 자료에 대해서 끊임없이 질문하고 근거와 논리를 검증하는 것, 자신의 오류와 편향을 인정하고 성장하려는 태도가 필요해요. 타인과의 토론이나 피드백을 통해서 부족한 부분을 인식하고 연구하고 자신의 시각을 확장해나가야 합니다. 이런 부단한 노력이 있어야 비판적 사고력이 확장됩니다. 언제나 노력 없이는 결과가 따르지 않는다는 것을 믿고 비판적 사고력을 키우기 위해 연습하세요. 자신도 모르는 사이 발전하는 모습을 직접 경험하게 될 것입니다.

• 비판적 사고력 연습 •

세상에는 다양한 직업이 존재합니다. 사람들은 각자 자신에게 맞는 직업을 선택해야 합니다. 그러나 어떤 직업이 좋은 직업인지에 대해서는 이견이 있지요. 과연 어떤 것이 좋은 직업일까요. 좋은 직업은 개인의 성취감, 안정성, 사회적 인정, 경제적 보상 등 다양한 측면을 고려하여 판단할 수 있습니다.

첫째로, 좋은 직업은 개인의 성취감을 충족시켜야 합니다. 우리는 일상에서 성취감을 느껴야 합니다. 또한 개인이 성장할 수 있는 일을 하는 것이 중요합니다. 만약 자신의 능력과 관심사를 살릴 수 있는 직업을 가지게 된다면 어떨까요. 일하는 동안 자부심과 성취감을 느낄 수 있을 것입니다. 성취감은 자신감을 향상시킵니다. 동기부여를 해 업무에 더 효율적으로 임할 수 있게 합니다.

둘째로, 좋은 직업은 안정성을 제공해야 합니다. 안정성은 우리의 삶에 예측 가능성과 안정감을 줍니다. 일자리의 안정성은 경제적인 안정성을 보장합니다. 급변하는 경제 환경에서도 적응할 수 있는 장점을 제공합니다. 안정된 직장은 생활비, 주거, 교육 등을 안정적으로 유지할 수 있는 기반을 제공하지요. 가족을 지탱하고 안정적인 미래를 계획할 수 있게 하는 것이 좋은 직업입니다.

셋째로, 좋은 직업은 사회적 인정을 받을 수 있어야 합니다. 사회적인 인정은 우리의 사회적 지위와 자아 존중감을 형성하는 데 중요한 역할을 합니다. 사회적으로 인정받는 직업은 자신의 노력과 기여가 사회적으로 가치 있게 여겨지게 합니다. 개인이 존중받는다는 느낌을 주지요. 자신의 사회적 위치와 사회적 관계망을 향상시키는 데 도움을 줍니다.

마지막으로, 좋은 직업은 경제력을 확보하는 데 도움을 줍니다. 좋은 직업은 공정한 급여와 보상 체계를 갖추어야 하지요. 경제적으로 안정된 생활을 유지할 수 있어야 합니다. 경제적 보상은 우리가 원하는 생활 수준을 유지하고 향상시키는 데 필요한 자금을 마련할 수 있게 해요. 또한, 경제적인 안정은 자신과 가족의 복지와 안녕을 보장합니다. 미래에 대한 경제적 대비책을 마련할 수 있는 기회를 제공합니다. 경제적 보상은 우리의 삶의 질을 높이고 경제적 자유를 확보하는 데 도움을 줍니다.

📱 질문에 대답해보세요.

1. 무엇이 좋은 직업인지 앞의 글을 분석하고 정리해보세요.

☞ ....

2. 위의 내용을 바탕으로 좋은 직업을 갖기 위한 해결책을
   적어보세요.

☞ ....

끝날 때까지 끝난 게 아니다

　해결책을 도출해서 결과를 얻었습니다. 지금까지 부단한 노력을 했는데요. 이걸로 끝일까요? 아닙니다. 비판적 사고는 이렇게 끝나지 않습니다. 비판적 사고는 해결책을 도출한 후에도 모니터링이 필요합니다. 지속적인 차선책을 검토하며 더 나은 해결 방안을 제시해야지요. 끝나도 끝나지 않습니다. 자신이 제시한 해결책을 체크하면서 차선책을 통해 더 나은 방향으로 이끌 수 있는 힘이 필요한데요. 그렇다면 지속적인 차선책을 검토하기 위해서 어떻게 해야 할까요. 다음과 같은 방법을 활용할 수 있습니다.

　현재 상황과 문제점을 정확하게 파악해야 합니다. 문제의 원인과 영향을 분석하여 문제 해결에 필요한 요소를 찾아야 해요. 해결하고자 하는 목표를 재설정합니다. 목표는 구체적이고 현실적인 것이 좋습니다. 목표는 차선책을 평가하고 선택하는 기준이 됩니다. 가능한 대안을 모두 나열합니다. 지금의 해결책을 개선할 수 있는 대안이면 더 좋겠지요. 최대한 다양하게 찾아보면 도움이 됩니다. 그 대안 중에서 차선책을 다시 선택합니다. 각 대안의 단점과 장점, 위험 부담과 비용성을 따져보고요. 순위를 정해서 고르는 것이 좋습니다. 목표에 가장 중요하고도 좋은 해결책이라고 생각하는 것을 선택하는 것이지요. 선택된 차선책을 적용하면서 실행 과정을 살펴봅니다. 이때 발생하는 문제가 있는지 모니터링합니다. 필요에 따라서 내용을 수정하고 조정하지요. 실행 결과를 파악하여 문제 해결에 성공했는지 확인하면 됩니다. 그 결과를 피드백하면 도움이 되겠지요. 이렇게 복잡한 과정을 거쳐 차선책을 마련하면 됩니다.

　학생들이 자신에게 맞는 학습 방법을 찾기 위해 차선책을 찾는 예시를 살펴볼까요. 우선 학생이 현재 상태를 점검합니다. 이제까지 사용했던 학습 방법에 대해서 정리합니다. 어떤 학습 방법이 효과적인지 알아야 하니까요. 시험 성적을 점검해서 효과적인 공부법을 고릅니다. 유용하지 않은 공부법에 대해서 대체할 차선책을 찾아봅니다. 어떤 목표를 이루고 싶은지 구체적으로 설정하는 것이 필요합니다. 국어 문해력을 키우겠다는 목표보다는 차라리 국어 점수를 10점 올린다는 것이 구체적이지요.

이를 달성하기 위해서 어떤 학습 방법을 사용할지 대안을 생각해보는 겁니다. 교사나 친구, 가족 등을 통해 다양한 대안을 모색합니다. 피드백은 성장을 위한 중요한 자원입니다. 자신의 강점과 약점을 인지하는 데 활용하세요. 이 모든 것을 포괄하여 여러 대안 중에서 필요한 학습 방법을 선택합니다. 주기적으로 자기 평가와 반성을 합니다. 학습 방법을 제대로 실천하고 있는지 확인하는 것입니다. 피드백을 통해서 정말 그 방법이 유용한지 체크해보면 더욱 좋습니다. 자기 발전을 이룰 수 있는 학습 방법을 찾아낼 수 있으니까요. 이런 식으로 하면 됩니다. 이론으로 들었을 때보다 실제 예시를 들어보니 어때요. 많이 어렵지 않지요. 여러분이 충분히 할 수 있는 과정이에요. 두려워 말고 시작해보세요.

• 비판적 사고력 연습 •

누구에게나 주어지는 것이 시간입니다. 하지만 모두에게 주어진 시간을 어떻게 쓰는지는 사람마다 다르지요. 시간을 효율적으로 쓰느냐에 따라서 삶의 질이 달라질 텐데요. 시간을 잘 관리하기 위해서 어떤 방법이 필요할까요. 지금 내가 시간 관리를 하고 있다고 생각하나요? 그런데도 시간이 부족하다는 생각이 든다면 나의 방식을 제고하세요. 시간 관리를 위한 방법은 계속해서 업그레이드되어야 합니다. 쓸데없이 새 나가는 시간을 줄이기 위해서요.

가장 우선 해야 할 것이 현재 상태를 점검하는 것입니다. 시간 관리의 목표가 있기에 우리는 시간 관리를 해왔잖아요. 내가 쓰고 있던 방법이 무엇인지 체크해보세요. 어떤 부분에 문제가 있는지 점검해봐야 합니다. 내가 쓰는 방법 중에서 효과가 없는 방법을 골라내는 것이지요. 그런 다음 대안을 찾습니다. 대안은 되도록 다양한 자료를 통해서 찾습니다. 대안책이 많을수록 선택의 폭이 넓어지니까요. 대안을 찾았으면 주변에서 피드백을 받습니다. 가까운 지인에게 나의 시간 관리를 체크받는 것입니다. 무엇이 문제인지 알아보고 나에게 좋은 방법을 추천받습니다. 이런 모든 과정을 통해서 나에게 맞는 시간 관리 방법을 골라보세요. 그리고 실천해보는 겁니다.

실천하고 나서 정말 나아졌는지 체크해보세요. 시간 관리가 잘되는지 점검해보는 겁니다. 문제가 없다고 판단되면 계속해서 그 방법을 쓰고요. 문제가 있다면 어떤 점이 문제였는지 체크해요. 다시 점검하고 대안

중에서 다른 방법을 선택하여 실행합니다. 이런 과정을 거치면서 나에게 맞는 시간 관리 방법을 찾을 수 있을 것입니다.

💬 질문에 대답해보세요.

1. 시간 관리를 위한 차선책 도출의 과정을 적어보세요.

현재 상태 점검

☞ _____

대체할 부분 분석

☞ _____

대안 찾기

☞ _____

피드백 받기

☞ ....

차선책 도출

☞ ....

피드백하기

☞ ....

< 실전 문제 >

┃ 다음의 문제에 대하여 지속적인 해결책을 찾아보세요.

세훈이는 수학이 너무 어렵습니다. 다른 과목은 큰 문제가 없는데요. 늘 수학에서 문제가 발생합니다. 수학 생각만 하면 머리가 아픕니다. 그래서 세훈이는 수학을 잘하는 방법을 비판적으로 생각해서 결론을 얻기로 마음을 먹었습니다. 그리고 자신의 상황을 분석해보기로 했지요.

세훈이는 일단 수학 과목이 무섭습니다. 싫습니다. 수학 문제만 보면 머리가 하얘지는 기분입니다. 어려서 엄마와 함께 수학 공부를 했었거든요. 그때 엄마가 화를 많이 냈습니다. 그래서 세훈이는 수학이 싫었습니다. 그때부터 수학에 자신이 없어진 것 같습니다. 그 사실을 생각해낸 세훈이는 어떻게 하면 대책을 세울까 고민을 해봤습니다.

일단 수학을 잘하지 못할 거라는 생각이 문제였습니다. 그래서 수학에 자신감을 갖는 여러 가지 방법을 찾아보기로 했지요. 수학을 게임으로 하는 방법이 있었고요. 수학의 기본 개념 문제만 푸는 것도 좋을 듯했습니다. 친구들과 모여서 수학 공부를 하는 것과 동생에게 수학 문제를 설명하는 것도 공부법 중 하나였지요. 이 중에서 어떤 방법이 좋을지 수학 선생님에게 물었습니다. 선생님은 세훈이가 집중력이 좋고 친절하니 설명의 방법을 권해주셨습니다. 그래서 세훈이는 동생에게 수학을 가르쳐주는 방법을 택했습니다.

그런데 동생이 수학을 가르쳐주는 것을 좋아하지 않았습니다. 동생이 싫어하니 세훈이도 화를 내며 알려주었습니다. 좋은 방법 같지 않았습니다. 그래서 다시 엄마에게 물었습니다. 엄마에게 이 과정을 이야기하자 엄마가 사과했습니다. 엄마의 잘못된 방식 때문에 세훈이가 상처를 입은 듯하다고요. 그리고 세훈이가 평소에 수학에서 뛰어난 기지를 발휘한 일화를 들려주더군요. 그래서 세훈이에게 너무 높은 과제를 주었다고요. 지금은 후회한다고 하셨습니다.

엄마는 세훈이에게 기초 개념을 풀면서 자신감을 키우는 방법을 권해주셨습니다. 세훈이도 그 방법이 마음에 들었습니다. 그래서 개념서를 꼼꼼히 풀어보았습니다. 내용이 어렵지도 않고 풀고 자신이 스스로에게 설명하는 방법을 썼습니다. 정답률이 높았습니다. 그렇게 공부하고 시험을 보니 두려운 마음이 줄어드는 것 같았지요. 그래서 세훈이는 이 방법을 계속 적용해보기로 했습니다. 세훈이가 수학을 좋아하게 되는 날이 오면 좋겠습니다. 세훈이는 오늘도 개념 문제를 열심히 풀고 설명하고 있습니다.

상황 분석	
목표 설정	
대안 도출	
대안 평가 및 우선순위 설정	
실행	
평가 및 차선책 보완	

세훈이에게 수학을 즐겁게 만드는 지속적인 차선책은

(   )입니다.

사고력을 기르기 위한 긴 여정을 마쳤습니다. 비판적 사고력이라는 말이 어렵지요. 쉽사리 접근하고 싶지 않을 텐데요. 그럼에도 우리에게 가장 필요한 능력이라면 피할 수 없습니다. 어떻게든 노력해서 키워봐야 할 텐데요. 이제까지 연습한 아홉 가지 과정이 여러분에게 도움이 되었으면 하는 바람입니다. 비판적 사고력을 통해 한 걸음 성장하는 여러분을 기대합니다.

제3부

비판적
사고력 연습
실전

실전 문제를 통해 비판적 사고력 연습을 해볼까요. AskUp을 통해 10대가 비판적 사고력을 기를 수 있는 예시 문제를 안내받았습니다. 다음 문제들을 책에서 연습한 과정을 통해 연습해보면서 여러분의 비판적 사고력이 일취월장하기를 기대합니다.

실전 문제

일상에서

1. 왜 사람들은 동물 실험에 반대할까?

☞ ....

2. 국제 사회 관계에서 적극적인 나라의 조건은 무엇일까?

☞ ....

3. 개개인의 창의성과 독창성을 존중할 교육 방법은 무엇
   일까?

☞ ....

4. 인터넷에서 개인정보 보호 방법은 무엇이 있을까?

☞ _____

5. 자연재해의 종류와 대처 방안은?

☞ _____

6. 미래의 일자리는 어떻게 변화할까? 이에 대비하여 키워
야 할 능력은 무엇일까?

☞ _____

7. 인간의 건강에 가장 큰 위협이 되는 질병은 무엇이며 예
방법은?

☞ _____

8. 인공지능 기술은 어떤 분야에서 가장 큰 변화를 만들까?

☞ _____

9. 지구온난화의 원인과 해결책은?

☞ _____

10. 세계적으로 나타나는 인구 문제와 대처 방안은?

☞ ....

11. 과학기술 발전으로 인한 윤리적 문제와 해결책은?

☞ ....

12. 성평등을 위해 노력해야 할 점은?

☞ ....

13. 정치인에게 요구되는 자질은 무엇일까?

☞ ....

14. 전 세계 빈곤 문제와 해결책은?

☞ ....

15. 우리나라 정치, 경제, 사회 영역의 핵심 문제는 무엇일까?

☞ ....

16. 국제 분쟁 해결에서 협력이 중요한 이유를 예시를 들어

설명한다면?

☞ ....

17. 평화로운 세상을 만들기 위해 필요한 것은 무엇일까?

☞ ....

18. 인간의 건강과 복지를 위한 의료발전 상황을 정리해
보자.

☞ ....

19. 다문화 사회에서 상호 이해와 공존을 위해 필요한 태도
와 노력은?

☞ ....

20. 국제관계에서 중요한 지위를 차지할 국가는 어떤 특징
을 가져야 할까?

☞ ....

21. 사회 문제 해결을 위한 정책의 예시와 효과와 부작용을

살펴보자.

☞ ....

22. 내가 가장 중요하게 생각하는 가치관과 그 이유는?

☞ ....

23. 광고나 미디어 콘텐츠 하나를 정해 메시지와 그 영향을
    정리해보자.

☞ ....

24. 과학적 연구 결과 하나를 선택해 진행 방식과 타당성을
    살펴보자.

☞ ....

25. 특정 인종이나 문화에 대한 편견을 극복하는 방법은?

☞ ....

학교에서

1. 학생들의 스트레스 관리법을 추천해보자.

☞

2. 교내폭력을 예방할 전략은?

☞

3. 창의성을 키우는 교육 방법은?

☞

4. 과도한 학업 부담을 줄이는 방법은 무엇일까?

☞

5. 학생들의 교내 활동 참여를 유도할 방법은?

☞ ....

6. 스마트폰 및 인터넷 사용에 어떤 규제가 필요할까?

☞ ....

7. 학생의 신체적 건강을 도모할 방법은?

☞ ....

8. 학생들의 사회적 관계 형성을 도울 프로그램을 구상해
보자.

☞ ....

9. 학생의 자기평가와 자아존중감을 증진하기 위한 방법은?

☞ ....

10. 디지털 리터러시 교육을 어떻게 구성해야 할까?

☞ ....

11. 사회적 정의와 공정성에 대한 인식 교육 방법에는 무엇이 있을까?

☞

12. 학교 내에서 학생의 자율성과 독립성을 발전시킬 방안은?

☞

13. 동료 간 협력과 팀워크를 강화하기 위해 필요한 것은?

☞

14. 학생들의 문제 해결 능력과 창의적 사고를 키울 수 있는 방법은?

☞

15. 미래 진로 탐색을 위해 필요한 정보를 어떻게 제공하면 좋을까?

☞

16. 학교에서 비판적 사고 능력을 키우기 위한 교육 프로그

램을 어떻게 구성할까?

☞ ....

17. 학교에서 인성교육을 어떻게 해야 할까?

☞ ....

18. 자기주도 학습을 지원할 방안은?

☞ ....

19. 학생의 정보 평가 능력을 향상할 교육 방법은 무엇일까?

☞ ....

20. 직업 정보 제공을 어떻게 하면 좋을까?

☞ ....

21. 학생들의 토론 능력을 키울 방법은?

☞ ....

22. 사회봉사활동 증진을 위한 방안을 생각해보자.

23. 학생의 시간관리능력을 향상시키는 방법은 무엇일까?

☞

24. 학생의 긍정적 자기 이미지를 키울 수 있는 방안은?

☞

25. 학교에서 학생의 리더십을 키우기 위한 프로그램을 기
　　획한다면?

☞

가정에서

1. 가정 내 성 역할에 문제가 있다면 어떻게 해결해야 할까?

☞

2. 순종을 강요하는 부모님에 대한 대응 방안은?

☞

3. 형제자매 간의 불공평한 대우를 해결할 방법은?

☞

4. 우리 가정의 의사결정 방식과 문제점은 무엇인가?

☞

5. 가정에서 규칙이 공정하게 적용되는지 점검해보자.

☞

6. 부모의 교육방식에 대해 비판적으로 생각해보자.

☞

7. 가정 내 경제적 불평등을 어떻게 생각하나?

☞

8. 가족을 위한 합리적 의사소통 방식을 제안해보자.

☞

9. 우리 가족의 인종, 문화 다양성에 대한 관점의 문제점은?

☞

10. 부모의 권위란 무엇일까?

☞

11. 가정에서 성별에 따른 차별을 어떻게 해결해야 할까?

☞

12. 갈등을 해결하는 방법은?

☞

13. 자유로운 의견 표현이 어려운 이유와 해결책은?

☞

14. 우리 가족의 편견이나 고정관념에는 무엇이 있을까?

☞

15. 가정의 폭력이나 학대 문제 해결 방법은?

☞

16. 가족끼리 가치관이 다를 경우 어떻게 해야 할까?

☞

17. 부모와 자녀의 권리는 각각 어떻게 다를까?

☞

18. 가정에서 주장과 타협 사이의 균형을 어떻게 찾아야
    할까?

☞

19. 가정에서 비용 분담의 공정성에 대해 문제를 제기해보자.

☞

20. 가정 내 인터넷 사용 제한의 필요성에 대해 정리해보자.

☞

21. 가정 내 필요한 성교육은?

☞

22. 자유로운 꿈과 목표에 대한 지원에 대해 어떻게 생각
    하나?

☞

23. 가정 내 이상적인 문제 해결 방식은?

☞

24. 가정에서 문제 해결을 위한 협력과 소통을 어떻게 적용할까?

☞ ....

25. 가정 내 건강한 관계 유지 방법을 제안해보자.

☞ ....

10대를 위한
비판적 사고력 수업

초판 1쇄 2024년 10월 30일
초판 2쇄 2025년 5월 21일
지은이 이현주·이현옥 | **편집기획** 북지육림 | **교정교열** 김민기 | **디자인** 박진범
제작 명지북프린팅 | **펴낸곳** 지노 | **펴낸이** 도진호, 조소진 | **출판신고** 2018년 4월 4일
주소 경기도 고양시 일산서구 강선로49, 916호
전화 070-4156-7770 | **팩스** 031-629-6577 | **이메일** jinopress@gmail.com

ⓒ 이현주·이현옥, 2024
ISBN 979-11-93878-12-5 (43170)

• 이 책의 내용을 쓰고자 할 때는 저작권자와 출판사의 서면 허락을 받아야 합니다.
• 잘못된 책은 구입한 곳에서 바꾸어드립니다.
• 책값은 뒤표지에 있습니다.

청소년, 교사, 학부모를 위한 즐거운 공부 시리즈

청소년을 위한 보컬트레이닝 수업
제대로 된 발성부터 나만의 목소리로 노래 부르기까지

차태휘 지음 | 128×188mm | 248쪽 | 13,000원

건강하게 목소리를 사용하고 노래를 잘 부르기 위해 알아야 할 몸의 구조부터 호흡과 발성법, 연습곡의 선별 기준 등등 기본기를 확실히 익힐 수 있는 보컬트레이닝의 세계로 안내하는 책이다.

학교도서관저널 추천도서

청소년을 위한 리걸 마인드 수업
시민력을 기르는 법 이야기

류동훈 지음 | 128×188mm | 200쪽 | 15,000원

법학박사 류동훈 변호사와 함께하는 슬기로운 법 이야기! 헌법, 민법, 형법의 가장 기본적이며 기초적인 내용을 중심으로 자연스레 '리걸 마인드'를 습득할 수 있도록 안내하는 책이다.

학교도서관저널 추천도서

팬픽으로 배우는 웹소설 쓰는 법
청소년을 위한 소설 글쓰기의 기본

차윤미 지음 | 128×188mm | 232쪽 | 12,000원

아이돌 팬픽을 소재로 누구나 쉽고 재미있게 소설 글쓰기에 다가갈 수 있도록 구성된 책으로, 내가 왜 글을 쓰는지, 내가 왜 세상의 반응을 궁금해하는지 등을 곰곰이 생각해볼 수 있다.

지노출판은 다양성을 지향하며 삶과 지식을 이어주는 책을 만듭니다.
jinobooks.com

삶의 무기가 되는 속담 사전
544가지 속담으로 키우는 지식과 지혜

권승호 지음 | 128×188mm | 600쪽 | 22,000원

속담으로 보는 너와 나, 우리, 사회와 세상 이야기! 365일 마음공부 속담 사전! 속담은 나침반이고 보물창고이며 우리를 비추는 거울이다. 인간을 이해하고 우리 사회와 세상을 알아가는 데 도움이 되는 속담들을 엄선해 풀어냈다.

망우리공원 인물열전
대한민국 근현대사를 꿰뚫는 낙이망우 사색의 인문학

정종배 지음 | 153×180mm | 708쪽 | 33,000원

독립지사 등 유명인사들과 서민들, 정치깡패와 친일문제까지 대한민국 근현대사의 보고 망우리공원에 잠든 130여 인물들의 이야기를 오롯이 담아낸 교양 인물 사전이다. 너와 나, 우리를 위해 기억해야 할 역사의 이름들을 만나보자!

그림으로 배우는 지층의 과학
지구 땅속 활동을 속속들이 파헤친다!

모쿠다이 구니야스 글 | 사사오카 미호 그림 | 박제이 옮김
최원석 감수 | 148×210mm | 152쪽 | 15,000원

지층이란 무엇일까? 지층의 줄무늬는 왜 생길까? 지층의 이름은 어떻게 붙일까? 암석과 화석을 통해 알 수 있는 것은? 산이 무너지고 강이 흐르는 원리는? 등등, 흥미진진 신비로운 지층의 세계를 재미있는 그림으로 알기 쉽게 설명하는 책이다.

학교도서관저널 추천도서